BtoBマーケティングの

新しい教科書

富家翔平 著

[検索と比較で選ばれる]
[商談につながる]

●サンプルファイルのダウンロード

本書では、目次の「ダウンロードサンプル」が必要な項目や箇所を確認するためのサンプルファイル（図版）を提供しています。これらの一部をダウンロードできます。以下のURLから以下のページに進み、［ダウンロードサンプルページ］をクリックして、ダウンロードサイトにアクセスしてください。

http://www.shoeisha.co.jp/book/download/9784798147963

【著作権等について】

サンプルファイルのページの著作権は、著者が所有しています。許可なくネットワーク上で配布することはできません。

●本書内容に関するお問い合わせについて

本書に関する正誤表、ご質問については、下記のWebページをご参照ください。

正誤表　　　　　http://www.shoeisha.co.jp/book/errata/
出版物Q&A　　　http://www.shoeisha.co.jp/book/qa/

インターネットをご利用でない場合は、FAXまたは郵便にて、下記にお問い合わせください。
電話でのご質問は、お受けしておりません。

宛先　〒160-0006　東京都新宿区舟町5
FAX番号　　03-5362-3818
宛先　　　　（株）翔泳社　愛読者サービスセンター

※本書に記載されたURL等は予告なく変更される場合があります。
※本書の出版にあたっては正確な記述につとめましたが、著者や出版社などのいずれも、本書の内容に対してなんらかの保証をするものではなく、内容やサンプルにもとづくいかなる運用結果に関してもいっさいの責任を負いません。
※本書に記載されている会社名、製品名はそれぞれ各社の商標および登録商標です。

はじめに

2009年にBtoBのウェブマーケティングをテーマにした1冊目の書籍『ウェブ営業力』を書かせていただきました。それから8年。当時に比べウェブサイトを営業に活用しようという機運はかなり高まったと思います。活用できるツールも増え、溜まっていくデータもどんどん有用なものになっています。ウェブマーケティングを抜きにして営業戦略を練ることが、むしろ難しくなっているのではないでしょうか？

一方で、自社でもウェブサイトを活用しようという機運が高まり、ウェブマーケティングを推進しよう！ ということに決定したものの「本当にウェブサイトをリニューアルして営業成果が出るのだろうか？」「本当にシステムを入れ替えれば大きな成果が期待できるだろうか？」と、疑心暗鬼になりながらプロジェクトを進めている担当者も多くいらっしゃるのではないでしょうか？

その疑念はおそらく正しいと思います。うまく行くプロジェクトには必ずと言っていいほど、うまく行く気配があります。計画を練り上げるにあたり、確かにうまく行きそうだという論拠を感じます。今、プロジェクト検討の真っ最中であれば、一度立ち止まって考えてみてください。疑念を抱くのであれば、そのプロジェクトはまだ解決をしていない問題を抱えているはずです。

BtoB分野ではウェブマーケティングのノウハウがあまり公開されていません。BtoCからノウハウを援用しようとしても、そのまま使えるものは決して多くはありません。これからチャレンジする状況であれば、社内のノウハウも決して多くはないはずです。教えてくれる先輩もいません。うまく行く気がしないのは当然とも言えます。

本書は、そういった、これから BtoB のウェブマーケティングを始めよ
ういう人向けに書かせていただきました。ぜひ、悩んでいる人、今やって
いることに疑問を感じているもののうまく解決できていない人にこそ読ん
でいただきたいと思います。そのため実際に活用してきたシートやフォー
マットをなるべく公開するようにしました。悩み事を整理したり、検討す
るモデルを整理したりしやすいよう心がけました。もちろん、まだまだ理
論的に深めるべきところはあるかと思います。共通フォーマット化したた
めに、細かなところでは当てはまらない部分もあるかと思います。ですが、
一定の成果を上げてきたフォーマットです。これを基本だと思って、自社
の状況に置き換えながら課題に向き合えば、必ずヒントがつかめるはずで
す。目指すべき姿がきっと見えてくるはずです。

　本書を手に取っていただいたみなさまにお願いがあります。紹介してい
るシートにたどり着くたびに、ぜひ自社の状況を想像していただきたいと
いうことです。想像をして、一定程度当てはまりそうであれば、柔軟に
フォーマットを変えてみて自社の形を探していただきたいと思います。そ
して、これは行けるかもしれないという気配がしてきたら、ぜひ想像に留
めるのではなく実践をしていただきたいとい思います。そうしてできあ
がったシートが、より多くのみなさまの悩み事の解決の一助になりますよ
うに切に願っております。

渥美英紀

Contents

はじめに　003

Chapter1
【準備編】BtoB のウェブマーケティングとは？　007

1-1　ウェブサイトの成功が営業力を高めるわけではない　008

1-2　ウェブサイトリニューアルがウェブマーケティングではない　015

1-3　データベース化が輝かしい未来に導いてくれるわけではない　021

1-4　BtoB のウェブマーケティングを考える前に必要な視点　027

Chapter2
【戦略編】自社のあるべきモデルを考える　029

2-1　BtoB のウェブマーケティングの定義　030

2-2　営業環境の変化　031

2-3　BtoB ウェブマーケティングのターゲット　036

2-4　営業課題の 9 つの分類　051

2-5　営業プロセスの 10 のステップ　069

2-6　マーケティング戦略のモデル化　083

2-7　BtoB のウェブマーケティングの基本戦略　087

2-8　BtoB のウェブマーケティングの 6 つの戦略　109

Chapter3
【戦術編】戦略を実現する作戦を練る　　　121

3-1　戦術を考える手順　　　122

3-2　プロモーション資産／コンテンツ資産の棚卸【現状把握】　　　123

3-3　施策のマップ化【現状把握】　　　126

3-4　コンタクトポイントの設計　　　128

3-5　コンテンツ設計　　　138

3-6　集客　　　147

3-7　戦術実行設計の確認　　　159

Chapter4
【推進編】成功確率の高い仕組みを作る　　　165

4-1　組織間のハードルを越えるための3つの要件　　　166

4-2　小さくても成功を収め、仮説の有効性を実証する　　　169

4-3　プランを誰から見ても分かりやすく提示する　　　177

4-4　ウェブマーケティングの分析・評価　　　184

Chapter5
まとめ　　　207

5-1　フォーマットを振り返りながら整理する　　　208

5-2　BtoBのウェブマーケティングの未来に向けて　　　218

おわりに　　　220

Index　　　222

Chapter 1

【準備編】 BtoB のウェブマーティングとは？

1-1 ウェブサイトの成功が営業力を高めるわけではない

　本書のもっとも重要なポイントをご理解いただくために、一緒に考えていただきたい事例があります。実際に筆者がクライアントと一緒に実践したプロジェクトの中に、BtoBのウェブマーケティングを本質的に価値のあるものにしていくために欠かすことのできないヒントがありました。

　1つ目は2006年ごろに失敗してしまったプロジェクトです。当時、BtoB分野でもウェブサイトを営業活用しようという機運が高まっていて、数々のサイトを作り、うまく行くプロジェクトが徐々に増えるようになっていました。それまでは、BtoBでは特定の分野でしか成果が出なかったリスティング広告も徐々に幅広い分野で効くようになってきました。これは非常に大きな変化で、それまでのSEO対策による集客は予測がしづらかったのに対し、広告からの計画的な集客が狙えるようになってきました。きちんと計画的に集客見込みを推定できるようになったことで、プロジェクトの成功確率も上がり、事前の予算取りもしやすくなった時期だったことをよく覚えています。

　そんなとき依頼を受けたのが1つ目のヒントとなるプロジェクトでした。そのプロジェクトでは、BtoB分野でもかなり専門的な「受託開発の引き合いを増やす」ことが目的でした。現状を調査し、「集客」「コンテンツ」「問い合わせ窓口」の3つの観点からウェブサイトの改善点を検討するところから始まりました。

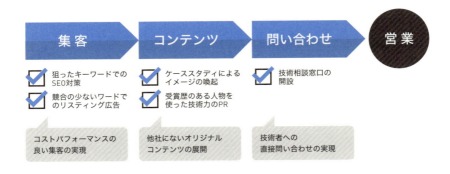

図1-1　1つ目のプロジェクト概要

まず「集客」では、検索の需要を調べました。すると、BtoC に比べれば検索回数は少ないものの目標としている問い合わせ数には十分な検索回数が見込まれることが分かりました。リスティング広告に関してはまだ他社が積極的に広告を出稿していない状況でした。検索回数はそれなりの数はあるが、広告は少ないという状況はまさにチャンスで、ほぼ独占的に狙ったキーワードに広告が出せそうだということが分かってきました。当時は競合の広告がない場合、最低価格で広告が出稿できる仕組みでした。敵が少ないと最低価格の料金も 1 クリック 10 円を切るような料金体系だったため、かなりコストパフォーマンスの高い広告を打つことが狙える状況でした。

　「コンテンツ」についても、競合を調査したところ他社がまだあまり積極的にウェブサイト上で情報を提供していないことが分かってきました。実際に受託開発では完成製品の権限は顧客にあり、事例をそのまま載せることが困難です。良い仕事をしたとしても大々的に発表できない。そんな制約条件の中でも技術や魅力が伝わるコンテンツを作らなければならない。業界全体としてコンテンツを作りにくい背景がありました。

　そこで、自社にしかないコンテンツを作るために、過去に受賞歴がある技術者にフォーカスを当てたり、イメージの沸きづらい受託開発という分野の特性に合わせて、過去の実績がざっくりと分かるようなケーススタディコンテンツを作ったりすることでコンテンツを増強しました。デザインも一新し、他社と見比べてもまったく見劣りしない魅力的なコンテンツを作ることができました。

　「問い合わせ窓口」面の改善には、まず社内の技術者の方々へのヒアリングを行いました。すると、受託開発を発注する側の気持ちになれば、開発をアウトソーシングする場合に、いきなり大規模な受託開発を新規取引で決めることは少なく、小さな技術的な問題を解消するお手伝いを通じて、スムーズにプロジェクトが進められそうだ！　という人との出会いが受注に大きな影響を与えそうだと分かってきました。

　加えて、問い合わせをすると営業担当をワンクッション挟むのが業界的には通例で、顧客にしてみれば「技術者に確認します」と言われて期待する回答が得られない、ということが多々あるという課題を伺いました。現場の技術者の方も部品やソフトウェアを調達する経験があるため、問い合わせをする場合は解決したいことがはっきりしているのに、技術に詳しくない営業がワンクッション入ることでむしろ

煩わしくなる経験をしていました。そこで、単にお問い合わせ窓口を置いておくだけではなく、技術者から的確な回答を得られる窓口を作ろうということで「技術相談窓口」をウェブ上に開設しました。

ウェブサイトからの問い合わせが4倍に

- コストパフォーマンスの良い「集客」
- 他社にない魅力的な「コンテンツ」
- ターゲットの技術者が求める「問い合わせ窓口」

　これら3つを揃えることで、ウェブサイトの受け入れ体制は万全の状態でリリースを迎えることができました。実際にサイトがオープンするとコストパフォーマンスの良い広告を打つことができ、集客も順調。問い合わせに到達する率も良く、結果、月平均の問い合わせ数を約4倍に高めることができました。問い合わせの質的にも見込みのありそうな大企業や事業部からのものが十分に含まれている感触でした。ウェブサイトとして十分な成果を上げることができました。

　それから数か月後、今後の施策を検討するため成果報告会に参加しました。問い合わせも順調に増えていたため「これは褒められる」「次のお仕事が決まる」と意気込んで行きましたが、会場はシーンと静まり返っていました。結果を伺うと、問い合わせは数字上確かに増えたものの、肝心の売上がついてこないとのことでした。もともと引き合いから受注までが長いリードタイムを必要とする商談であるため、比較的長く集計期間を取ったものの、受注はもちろん、ウェブサイト経由の商談に対してアポイントや提案といった段階まで進展するケースがまだまだ少ない状況でした。

　ウェブサイトから得られている数字は悪くないのに、一向に商談が進行しない。ウェブサイト上の成果が4倍も上がったのに、営業成果がついてこない。きっと原因があるに違いないと、先方の窓口担当者と一緒に原因の調査を始めました。すると、2つの問題が分かってきました。

010　Chapter 1　【準備編】BtoBのウェブマーティングとは？

営業がウェブ問い合わせを有効活用できているか？

①見込み度判別の問題

　１つは見込み度判別の問題でした。営業責任者が基本的な問い合わせ応対の担当割り振りを決めていました。ウェブサイトからの問い合わせは、大企業であるものの過去に接点のない事業部であったり、中には「カタログをください」と一行書いているだけの見込み度合いがよく分からないものだったりが多く混ざっていました。すると営業責任者は、担当を誰にすべきか的確に判断できません。そこで、見込み度合いを確認するためにまず新人をヒアリングに行かせるようにしていました。

　よく、新規営業は既存営業よりも５倍も６倍も難しいなどと例えられます。その難しい新規営業に技術的な知識が万全ではない新人がヒアリングをしに行くのです。問い合わせをした企業側からすれば、知識の乏しい新人営業に根ほり葉ほりヒアリングされることになり、結果、「営業力が低い」「技術的な知識が少ない」「重要な顧客と認識されていない」と感じてしまったかもしれません。実際、多くの商談が次のステップにつなげられず玉砕して帰って来ていました。

図 1-2　不十分なリード情報がもたらす営業局面

②営業優先度の問題

　もう１つは営業優先度の問題でした。この会社の営業は基本的にグループ会社からの依頼が最優先であり、営業活動の主力を占めていました。次に優先されるのはレスポンスを約束した顧客や電話で受け取った問い合わせ、その次に毎年出展している展示会のフォロー、もっとも優先度が低いのがウェブサイトからの問い合わ

せという状況でした。

　営業担当 1 人に対して十分な仕事がある中で、今までもっとも優先度が低かったウェブサイトからの問い合わせが 4 倍に増えてしまった。もっとも優先度が低いウェブサイトからの問い合わせが増えたとしても営業担当からすれば、とりあえずメールで対応しておき、反応があったら対応しよう。カタログだけ送っておいて、質問があったら対応しようなど、質の低い営業を焼き増ししてしまうだけになっていました。問い合わせ元の企業についてしっかりと調査したり、綿密に提案を練ったりせず、おざなりな対応になってアポイントにすらつながっていない案件が多いことが分かりました。

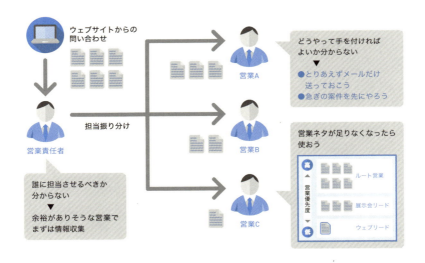

図 1-3　営業優先度が判断しづらいと起こりやすい問題

　ウェブサイトからの問い合わせには、新人がおざなりな対応をする。これでは成果が出るはずもありません。せっかくウェブサイトから問い合わせが増えても、営業活動がうまく回らなければ肝心な売上にはつながらないことがはっきりしました。成果報告会でも経験の深い営業担当者から見ればかなり見込みのある問い合わせが含まれていることも確認できていました。もし営業がしっかりと動いていれば、実際はしっかりと売上を上げられたかもしれません。

　多くの企業ではここで原因を切り分けし、ウェブサイト側の成果は良好、営業フォ

012　Chapter 1　【準備編】BtoB のウェブマーティングとは？

ローに課題があり営業部門の責任として顧客フォローを徹底することが課題だとしてしまうことが多いでしょう。しかし、私たちが抱いた感触は、決してそうではありませんでした。

営業が欲しいデータでなければ価値がない

ウェブサイト担当側の人は、本当にこの営業責任者を責められるのでしょうか？実際に私たちが抱いた感触は、以下のようなものでした。

- もっと有益な情報を供給できていれば、営業責任者はどの営業を担当にすべきか的確に判断できたかもしれない
- 良質な見込み客が来るのであれば、営業優先度も自然と上がるかもしれない
- 最初からどのくらい引き合いが増えるか分かっていれば、営業側も人手を確保し、十分な対応ができる体制を整えてくれたかもしれない

担当を割り振る営業責任者としては、なるべく見込み度の高い案件に良い人材を充てたいと思うのは当然でしょう。そもそもルート営業の相手は、長く続いてきた実績がありこれからの見込みも大きい顧客です。最優先するのは当然でしょう。お電話での問い合わせなどは、電話越しで詳細情報を得ることができますし、その場で技術相談やコストの回答ができるかもしれません。電話越しの感触から丁寧な営業をかけるべきか否かの判断もベテランの営業ならお手の物でしょう。

しかし、ウェブサイトでは一方的にフォームから文章が送られてくるだけです。企業名や部署名、問い合わせ内容の限られた情報から一定の判断をしなければなりません。大企業だからといって、大きな金額の商談かは分かりません。役職だけではキーマンかどうかも判断しづらいでしょう。その時点で最適な担当割り振りをするのは至難の業です。判断情報を増やすために、電話や訪問でヒアリングをするのはむしろ賢明ではないかと思います。情報が不足しているからこそ、ヒアリングなどの余計なプロセスが必要となってしまったのだと感じました。

さらに、ウェブサイトからはより良質な案件が来ると認められれば自然と営業優先度も上がるはずです。数か月前に行われた展示会の何気ないアンケートに答えた人をフォローするよりも、今ウェブサイトから来ている問い合わせに対応したほう

が効果的だ、となれば行動パターンが変わります。とりあえず新人を行かせておこうという判断にもならないはずです。

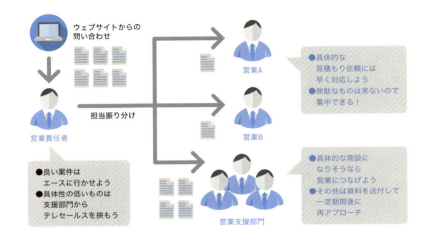

図 1-4　判断情報が増えた状態の例

　本質的な原因は何だったのか。それは、ウェブサイトが「営業に活用できるほど十分な情報を供給できなかったこと」だと言えます。営業が「欲しい」と思う情報を提供できなければ、どんなに問い合わせ数が増えても、対応が後回しにされてしまう可能性が高まります。質の低い営業活動が焼き増しされてしまう可能性も高まります。ただ問い合わせが増えればよいわけではない。そう痛感させられました。

- 今、営業部門がどんな情報や商談を必要としているのか
- 今、どんなプロセスでどんな営業体制を組んでいるのか

　ウェブマーケティングのプロジェクトを始めるにあたって最初にしなければいけないことは、自社の営業の課題を知ることだと実感しました。自社の営業の仕組みや課題を熟知せずに、ウェブサイトだけをブラッシュアップするのは危険です。実際の営業組織としっかりと結び付いたアクションにならなければ、むしろ質の低い営業活動を増やしてしまいイメージダウンやクレームにすらなりかねません。将来、顧客になるかもしれなかった未来の商談もつぶしてしまう可能性があります。現状

の営業課題をしっかりと見据えることが不可欠です。

　ウェブサイトだけが成功したとしても売上につながるわけではない。営業組織だけが強ければよいわけでもない。「ウェブ」と「営業」がしっかりと結び付いて、ひとつながりの「力」になること。つまり、「ウェブ営業力」を高めることが、BtoBにおけるウェブマーケティングの本質であるとの結論に至りました。

　ここで紹介した1つ目のプロジェクトは、ウェブと営業の関係性を考えさせられる非常に示唆的なプロジェクトだったと思います。その後、反省を生かし、営業組織に慎重に気を配りながら他に7つの事業部のウェブサイトの改善を行いました。商談まで含めた成功確率もグッと上がり、会社全体として月間300件以上問い合わせを増やすことに成功しました。

1-2　ウェブサイトリニューアルがウェブマーケティングではない

　2つ目のヒントとなるプロジェクトは、ある内装の設計・デザインを行う企業でのプロジェクトでした。その企業は内装の設計やデザインの分野では非常に実績があるものの、ウェブサイトの活用があまりできておらず、ウェブサイトからの問い合わせは月に1件あればよいという状況でした。そこでウェブサイトをリニューアルし、問い合わせが月10件は来るようなウェブサイトにしたいというご要望でした。早速、「集客」「コンテンツ」「問い合わせ窓口」の3つの観点から、調査を開始しました。過去の失敗も踏まえ、営業ヒアリングをしっかりと行うところからスタートしました。

　営業ヒアリングを行うと有益な情報が得られました。まずは「コンテンツ」面。営業現場で受注のキーとなるコンテンツは実績のイメージ写真でした。内装のデザインとしてどのような空間をプロデュースし、新しいテイストを実現し、次の物件で顧客がやりたいイメージを実現しているかが商談を進める大きなポイントになる。営業は実績集を持ち歩き、顧客の訪問に応じて要望するケースに近い事例をご紹介し、イメージが合致すれば見積もり等の具体的な交渉に入っていける。このため、ウェブサイトでも多様な実績を出すことが重要だという結論に至りました。

　さらに、ターゲット層は大手デベロッパーが多く、接点のない中小企業が問い合

わせて来ることは少ないことが分かってきました。他の業界とは違って、問い合わせはかなり具体的なケースが多く、事例を見るということは次の物件や開発などを抱えているケースが多い。つまり、どんな検討段階でもよいから商談をどんどん回してほしいというのが営業の立場からの要望でした。過去のコンサルティング経験からすると、「問い合わせフォーム」よりも圧倒的に「ダウンロードフォーム」のほうが顧客の情報獲得率が高いことが分かっていました。そこで「問い合わせ窓口」面では、具体的な見積もりや技術相談といった窓口よりも、もっと気軽なダウンロード窓口を重視し、キーとなる事例集のダウンロードをウェブサイトリニューアルの中心に据える方針としました。

しかし、「集客」面を調査していくと、厳しい現状が分かってきました。リスティング広告のメインキーワードとしての調査をした「内装設計」「内装デザイン」といったキーワードの検索需要が極端に少なかったのです。当時、Google 等が提供している検索回数の予測ツールを使うと、月間 4,000 回程度しか検索の回数が見込めませんでした。月間 4,000 回というと多く聞こえるかもしれませんが、推算すると月間 1,000 回につき 1 件の問い合わせ獲得というのが目標設定の上限ラインになります。具体的には、広告出稿がうまく行けばユーザーが広告をクリックする率「CTR」を 5% 以上出すことができます。広告をクリックし、ウェブサイトに到達したら問い合わせ完了とする率「コンバージョン率」は 2% あればかなり有力なサイトです。CTR もコンバージョン率も良い数字が出たとすると、5% × 2% で 1,000 分の 1 という目標値が設定できます。月 4,000 回であれば、かなりうまく行って月 4 件の問い合わせとなるため、最初に要望された月 10 件には到底及びません。さらには、「内装設計」「内装デザイン」といったキーワードは BtoB だけでなく、BtoC も混ざってしまいがちなキーワードです。したがって、その検索需要がすべて BtoB ではないことも考えると、検索エンジンからの集客はかなり難しい状況でした。

ウェブ集客も打ち出の小槌ではありません。冷静に現状を見るとこのままではうまく行かない可能性が高いことが分かり、改めてウェブサイトリニューアルの方針から見直すことになりました。

図1-5　2つ目のプロジェクト概要

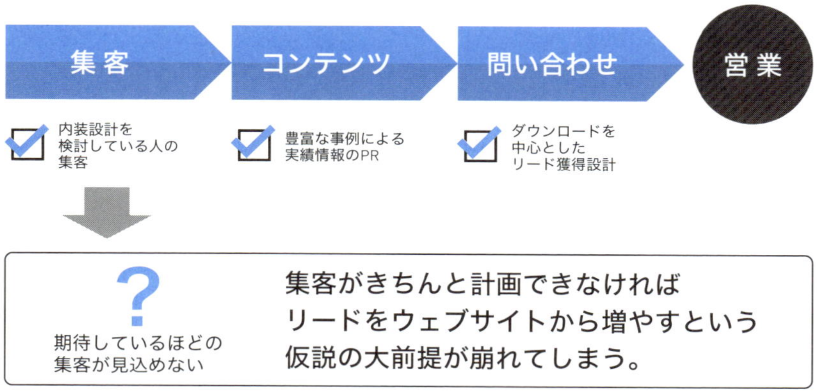

本当にリニューアルが適切な対策か？

　ウェブサイトからの問い合わせ数や売上を伸ばしたい！　と思う場合、リニューアルを計画することがまだまだ多いでしょう。しかし、リニューアルは、主にウェブサイトに来てからの問い合わせ率を高めるための対策です。SEO対策で検索結果の上位を狙うことはできますが、実際に上位を取れる企業は限られていますし、確実に上位に表示できるとは限りません。さらには、そもそも検索の需要が少なければ流入数にインパクトを与えることができません。サイトに流入するユーザー数が増える見込みがなければ、ウェブサイトのリニューアルだけで大きな問い合わせ数アップを狙うことは困難です。

　このプロジェクトの全体を見渡したとき、

- コンテンツのキーとなる事例はたくさんある
- ダウンロードレベルから商談になる可能性が高い
- 営業体制もウェブからの問い合わせを歓迎する状態

というアドバンテージがありました。
　しかし、

●検索エンジンからの集客が見込めない

という現状を総合的に勘案すると、優先課題は「いかにターゲット層に近い顧客にサイトへ訪問してもらうか」であることが再認識されました。

　そこで、再度、営業ヒアリングを積み上げていくと、新しい可能性が分かってきました。

できていない営業プロセスはどこか？

　営業商談の相手は大手デベロッパーが主であることは確認できていましたが、よりつっこんで営業の流れやよくあるパターンをヒアリングしました。デベロッパーでは開発の規模にもよるものの、1つの物件を担当すると2〜3年以上は同じ物件を担当する。その後、また別の物件の担当になり、新たな調達を行うというのが、人事の動きの基本的なパターンでした。

　実績の多い彼らは受注まではしていなくても、コンペへの参加依頼や提案の打診などを通じて眠っている名刺情報が相当数ありました。メインターゲットとなる大手デベロッパーは過去に何かしらの接点を持っている状態でした。しかしながら、営業スタイルとして新規引き合いを重視する傾向があり、改めて過去の接点がある顧客に対して継続的なアプローチはできていませんでした。これにより、以下の可能性が考えられました。

●2〜3年以上前に接点があった顧客が新しい物件担当になっている可能性が高い
●2〜3年前に接点があった顧客には、最新の事例をお伝えできていない

　そうなると、自社内に埋もれている名刺情報を掘り起こし、新しい事例を伝え、新しいプロジェクトの検討に入れてもらうことが、もっとも効果的ではないだろうか。ウェブサイトには、今までにきちんとアプローチできていなかった顧客に情報を伝えていく役割を与えていくほうがよいのではないか、という仮説に変わってきました。既に自社と接点がある企業の中から可能性を広げていく仮説に思い切って舵を切り、「ウェブサイトのリニューアル」という方法論そのものから見直すこと

になりました。

自社の営業資産を棚卸しする

早速、各営業担当に名刺の掘り起こしをお願いしてみたところ、20人程度の営業担当から 2,300 枚程度の名刺を集めることができました。名刺管理システムを利用してすべての名刺を電子化し、効率的にメールを配信できる環境を整備しました。

メールの配信は、通常であればメールマガジンとして送りたいところですが、

- 名刺交換だけでは、メールマガジン配信先として許可が取れていないこと
- メールマガジン方式ではクリック率への期待値が薄いこと

からメールマガジン方式が本当に良いのかを検討しました。一斉に同様の内容を送付するメールマガジンでは、BtoB 分野では 3〜5% 程度しかクリック率を期待することができません。2,300 件のメールアドレスであれば 100 件前後のクリックしか期待できません。これではせっかくの宝の山が台無しです。20人営業担当がいるのならば、1人あたり 10 通でもよいので、重点クライアントにだけ絞って丁寧なメールを送ったほうが 200 通の価値あるメールが送ることができます。検討の結果、なるべく効果の高い方法を追求し、初回のメール配信は営業担当の協力を仰

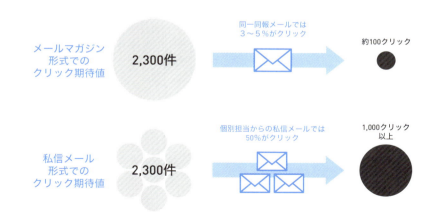

図 1-6　メールアドレスの活用試算

いで、全通私信形式で丁寧なメッセージを個別に配信することにしました。

　さらに、営業担当がメールを送りやすい仕掛けを作りました。ただ、「ご無沙汰しています」「最近、いかがですか？」だけではアポイントも取りにくいはずです。そこで、本来、ウェブサイトに公開をするはずだった事例をメールアドレスを入力しないとダウンロードできない形式とし、非公開情報にしました。その非公開情報について私信形式のメールの中でご紹介し、

「過去にご商談経験のあるお客さまには特別にこのメールから最新事例を閲覧することが可能です。ぜひ、当社の最新事例をお目通しください。」

として、そのメールからしかできないアクションを用意しました。通常、煩わしい個人情報などを入力しなければ閲覧できない非公開コンテンツを、このメールでは特別にクリックだけで閲覧できるという演出をすることで手軽さと特別感を同時にアピールしました。

　すると、2,300通のメールに対してクリック率65％以上、約1,600名のユーザーの反応を獲得することができました。メールマガジンのクリック率の相場からすれば驚異的な数字が得られました。また事例集から次の商談へつながるケースが2％弱発生し、月間30件の商談獲得に至りました。当初10件の目標すら危うかったプロジェクトが、検索エンジンからの集客が見込めないと割り切ったからこそできた大逆転でした。

営業プロセスとインターネットのポテンシャルを把握する

　2つ目に紹介したプロジェクトは、ウェブサイトの特性や限界をきちんと見定めて、営業プロセスのどの部分にウェブサイトの得意分野を組み込んでいくのか？ということを教えられるケースです。以下の2点を意識しておく必要があります。

- ●ウェブサイトにも得意分野／不得意分野がある
- ●営業プロセスのうち、どこが手薄になっているか

検索エンジンやウェブ広告にどの程度期待できるか？　を具体的に数値で把握す

020　Chapter 1　【準備編】BtoBのウェブマーティングとは？

ることが重要です。期待値がマーケティング目標や営業目標に照らし合わせて、十分なのか／不足しているのかで作戦の方針は大きく変わります。

また、営業プロセスのうち、どこが手薄になっているのか？　その部分をウェブサイトやメールの得意分野を使って補うことができるか？　という視点も重要です。営業プロセス全体を見渡したときに、重点的に対策を打つ部分をはっきりとさせることで作戦も明確になり、成功確率が上がることでしょう。必ずしも「新規集客」を狙って「ウェブサイトリニューアル」を行うことが正しい手法ではないということをぜひ知っていただきたいと思います。

1-3 データベース化が輝かしい未来に導いてくれるわけではない

3つ目のヒントとなるのは、あるメーカーでのプロジェクトでした。ある程度ウェブマーケティングが進んでくると、顧客データベースを整備したり、メールマガジンを配信したりという話が議論になるかと思います。当時顧客データベースは組むだけで数千万円かかるような時代から、手軽な固定額制のサービスなどが徐々に増え、月数万円レベルであらゆる企業が顧客データベースを組める時代に突入していました。

そのプロジェクトでも既存顧客を会員化しようという試みが始まりました。担当制の営業組織と並行して、システム化を推進し、顧客データベースを営業活用しようという取り組みです。カタログデータや図面データもデジタル化し、うまくカタログ発行数を少なくできれば、印刷や発送のコストダウンにもなり、一石二鳥になります。

プッシュ型からプル型へ

世の中的にも、システムやデータベースが導入しやすくなると「プル型営業」や「プル型マーケティング」という言葉をよく耳にするようになりました。これまでの営業スタイルはよくプッシュ型と称されます。プッシュ型とは、飛び込み営業やテレアポに代表されるアプローチ方法です。営業側がどんどん顧客に情報をプッシュし

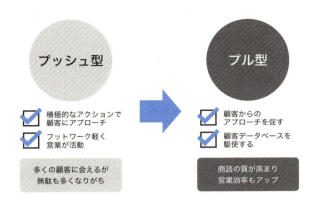

図 1-7　プッシュ型からプル型へ

て、積極的なアクションを取る営業スタイルと言ってよいでしょう。しかし、プッシュ型では無駄も多い。だから、顧客が困ったときに、顧客自身から進んで問い合わせをしてもらえるようにプル型営業に変えようというトレンドが強くなってきました。プル型とは、引いて待つ営業スタイルです。顧客データベースやメールマガジンを活用することで、プル型営業に転換し、継続的な情報提供の中からホットな顧客、質の高い商談が来るようになり、営業は効率的になるという考え方です。

　さらには、貯まったデータを有効活用して「勘や経験に頼った個人営業」から「チームセリングへ転換しよう」ということもよく話題になりました。昔ながらのスタイルでは、営業担当は足しげく顧客の元に通い、宿題をもらって帰ってくる。宿題にはきちんとお答えし、信頼関係を徐々に築いて必要とされる会社になる。信頼されて、大きな仕事が動くときに商談をもらう、といったスタイルです。そういった旧来型の属人的な営業から卒業しようという考え方です。

　新しい仕組みでは、商談の履歴などは SFA（セールスフォースオートメーション）で管理をしてチームで共有する。顧客データベースを整備し、顧客の動きをデータ化する。データからホット客を見極め、顧客が必要なタイミングで必要な提案を持参する。事前情報から営業も無駄な提案ではなく、顧客の課題に即したコンサルティング営業が可能になる。企業側から見ても顧客側から見ても双方無駄がなく、理想的な営業スタイルが実現できると期待されました。

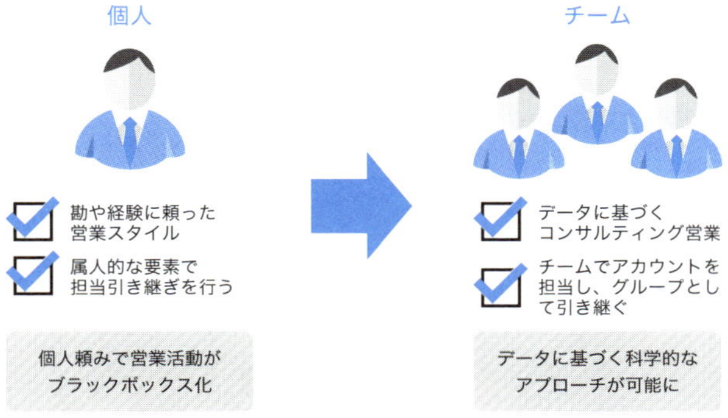

図1-8　個人営業からチームセリングへ

　プル型で商談が舞い込み、データに基づくコンサルティング営業が可能になれば夢の営業です。むしろ営業マンはいらないのではないか？「ホームページが24時間営業してくれる」などというコピーが書籍や雑誌にも踊りました。実際に一定の成果を上げた企業もあるかと思います。しかし、夢物語のように言われていたプル型営業への転換で大成功した企業は決して多くないのではないでしょうか？

データベース化が生んだ新しい悩み

　夢のような営業モデルを実現するために基盤になるのが、顧客のデータベース化でした。しかし、データベースは鮮度が重要です。古いデータをいくら持っていても価値がありません。そして、データベースを鮮度良く保つためには、良質なコンテンツが不可欠です。メールマガジンなり、セミナーなり、ホワイトペーパーなり、良質なコンテンツが継続的に提供できなければデータベースがどんどん価値の低いものになってしまいます。顧客データベースの運用が各社で始まり出すと、コンテンツの壁で挫折する企業が続出しました。

　そもそも囲い込みやデータベース化をしたいのは「データベース化を進める企業側」の都合であって、顧客側が囲い込まれたいわけではありません。顧客側が囲い込まれても良いと思うためには、データベースに登録するに値する何かしらの価値を提供し続けることが必要になります。そのため、コンテンツ面の企画をしっかりと立ててからデータベース化やメールマガジン配信を行わないと、ネタ不足に陥り

データベース化が輝かしい未来に導いてくれるわけではない　023

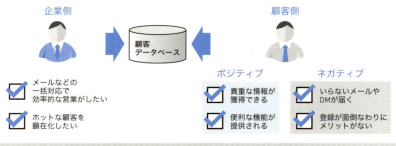

図 1-9　顧客データベースを取り巻く思惑

がちで、巡り巡って顧客を維持できない仕組みになってしまいます。顧客データベースの活用がうまく行っていない企業ではよくある光景ではないでしょうか？　顧客データベースが輝かしい未来に導いてくれると思いきや、コンテンツを生み出す新たな苦悩に悩まされるようになりました。

　このプロジェクトでは、既に特定の分野でシェアが高いこともあり、数万単位の顧客のデータ化に成功しました。会員サイト内で、通常公開していない CAD データやカタログ検索を行えるようにすることで、無理にコンテンツを供給し続けなくても価値を維持できる仕組みにすることができました。会員ページ内でのデータから顧客別の分析もできるようになり、営業担当に顧客別のデータを届け、コンサルティング営業の足掛かりを作ることもでき、一定の成果は上げることができました。

　しかし、コンテンツの壁をうまく切りぬけ、一定の成功はしたものの、さらに新しい悩みに直面しました。

データベースで本当に必要な情報は何か？

　当時の営業部長さんがウェブマーケティングやデータベースを中心とした仕組みが成果を上げている報告を受ける中、ぼそっとおっしゃった言葉が忘れられません。その営業部長さんは「昔はもっと分かりやすかった」とおっしゃいました。今はたくさんのデータがあり、アクセスの推移やコンバージョン率の数字も出ています。ウェブサイトからの問い合わせ率も、その後の商談進展率も出ています。平均のリー

ドタイムも数値化され、担当営業ごとの商談実績なども数値化されるようになってきました。それでも、昔のほうが分かりやすかったとおっしゃいました。

真意が知りたくて、昔どのような営業手法を採っていたのか、詳しく伺いました。すると彼は毎年年末の最終営業日に築地市場で「生きたカニ」を買い、主要クライアントを回っていたと教えてくれました。最終営業日であれば顧客の担当者に外出や会議などの予定もなく会える確率が高い。「生きたカニ」を持っていけば、生ものなので受付で「預かります」となりにくく、担当者に直接会える確率も高い。さらに、カニは見るからに高そうなので、そのとき在社しているなるべく偉い人が応対しにきてくれる。そこでお会いした人に立ち話で、翌年の工場の建設や船舶の建造計画を聞く。すると、どの時期に、どんな製品を営業すればよいかが瞬時に分かったそうです。生きたカニを使った営業を主要クライアントにできれば、たった1日で年間営業計画を立てることができたと言います。

お菓子など預かりやすいものではダメ。安いものも部下が受け取ってしまうのでダメ。偉い人に高い確率で立ち話ができる方法が「生きたカニ」だったそうです。まさに勘と経験のなせる業です。

続けて彼は「今は全部アクセスログやメールアドレスになって分からなくなった。データはたくさんあるけれど、誰が重要で、いつ営業をかければいいのかまったく分からない。」とおっしゃいました。ウェブマーケティングを生業としている自分としては非常に痛いところを突く、本質的な問いかけだと思いました。彼の違和感をもう少し具体的に解釈するなら、ウェブマーケティングから得られるデータは、

- データは多いが不要なものもたくさんある
- 結果指標が多く未来予測がしにくい

だから、データはたくさんあるのに営業計画に使うにはまったくピンと来ないデータだったということだと思います。

カニを持って営業先を回るのは一見突拍子もなく感じますが、短い時間で営業にとって非常に重要な情報をコンパクトに収集できています。今は受付のセキュリティも厳しくなり、そのようなことができなくなったそうですが、それに勝る情報収集方法はまだ確立できていないとのことでした。

データベース化が輝かしい未来に導いてくれるわけではない　025

本当に必要なデータは何か？

ウェブマーケティングが進んでくるとたくさんのデータを得ることができます。しかし、営業が本当に必要な情報は主にBANT情報に集約されます。

図1-10　営業計画の肝になるBANT情報

誰に予算権限があり、どんなニーズを持ち、どのくらいのコストで、いつまでにモノやサービスを調達しようとしているのか？　営業に必要な情報に迫れば迫るほど、そのデータベースの価値は高まります。スコアリングなどを行い、ウェブサイトを通じて重要度を判別する試みも数多くありますが、アクセスログやメールアドレスを中心としたデータからではどうしても限界があります。

先ほど紹介したカニを使った訪問はまさに、

- 偉い人に会える→キーマンが分かる
- 計画を聞く→コスト感が分かる、ニーズが分かる、営業時期が分かる

といった具合にBANT情報をくまなく得ることができています。非常に営業価値の高い情報収集方法だと言えるでしょう。

ウェブサイトのデータがたくさん集まり、データベース化が進んでくると、どうしても今あるデータを分析したくなりがちです。しかしながら、本当に必要なこと

は単に今あるデータを分析するのではなく「未来をつかめるデータそのものを生み出すこと」ではないか？　たくさんの情報を獲得することが大切なのではなく、いかに営業に必要十分な情報を生み出し、取得できるようにするのかが重要なのではないか？　営業に必要なデータと向き合う重要性を3つ目のプロジェクトから教えられました。

1-4 BtoB のウェブマーケティングを考える前に必要な視点

　ウェブマーケティングと言うと、どうしても「ウェブサイトをリニューアルしたり、検索エンジンで上位を狙ったりして問い合わせを増やす」と考えてしまいがちです。BtoB のウェブマーケティングと言うと、以下のようなことを想像するのではないでしょうか？

- ●ウェブサイトをリニューアルする
- ●コンテンツマーケティング用のサイトを新設する
- ●CMS を導入して効率的な運営をする
- ●プレスリリースを配信する
- ●メールマガジンを配信する
- ●マーケティングオートメーションツールを導入する

　確かに、個々の手法は大切です。しかし、一度立ち止まって本来達成するべき目的は何か？　その目的を達成するために適した手法は何か？　という観点から考えていただきたい。よくありがちな BtoB のウェブサイトを活用するいかなる場面においても、根源的に考えなければならないことは、本章で紹介した3つのプロジェクトが教えてくれています。

　1つ目のプロジェクトでは、営業課題に合致しないウェブマーケティングを展開することで、せっかくのリード獲得を受注につなげることができませんでした。営業課題を無視して、ウェブマーケティングのプロジェクトを進めることができないことを学びました。2つ目のプロジェクトでは、検索エンジンからだけでは目標と

BtoB のウェブマーケティングを考える前に必要な視点　　027

する問い合わせ獲得ができないため、リニューアルという方法論から見直しが必要でした。営業プロセスをよく考察し、力点が置かれていないプロセスにウェブマーケティングの力を使うことで新しい仕掛けを作れることを学びました。3つ目のプロジェクトでは、会員化やデータベース化をすれば輝かしい未来が待っているというわけではなく、新しい課題に直面してしまいました。たくさんのデータに惑わされることなく、本当に価値のあるデータを追求することが重要だと教えられました。

まとめると、以下のようになります。

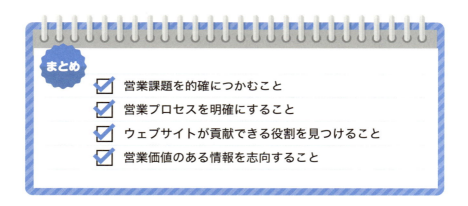

まとめ
- ☑ 営業課題を的確につかむこと
- ☑ 営業プロセスを明確にすること
- ☑ ウェブサイトが貢献できる役割を見つけること
- ☑ 営業価値のある情報を志向すること

これらは、BtoBのウェブマーケティングをこれから進めていくうえで、避けては通ることができない前提となる考え方です。今、営業活動が困っていることは何か、今後どのような営業の仕組みに変えていきたいのか、どのように価値のあるデータを獲得するのか、これらを抜きにして本質的な営業力を強化することはできないのです。

Chapter2

【戦略編】自社のあるべきモデルを考える

2-1 BtoBのウェブマーケティングの定義

　Chapter1では、今、営業活動で困っていることは何か、今後どのような営業の仕組みに変えていきたいのか、どのように価値のあるデータを獲得するのか、を考えるべきだとお伝えしました。これらを踏まえBtoB分野におけるウェブマーケティングとはどのようなことを指すのか？　改めて言葉で表すと図2-1のように表現できると思います。

　単にウェブサイトから新しい顧客を獲得するだけではなく、ウェブサイトを使って、今抱えている営業課題を解決していくこと。さらには、今までできなかったような新しい戦略の実現や新しい営業の仕組みを生み出すことこそがBtoBのウェブマーケティングと言えるでしょう。

　また、BtoBのウェブマーケティング戦略を練る知識体系として「ウェブサイトやインターネット技術」「営業課題」「営業プロセス」「新しい仕組み」といった知識を得る必要があります。ここでは「BtoBのウェブマーケティング戦略」として、これらの範囲から戦略を計画するうえで欠かせない知識について理解を深めたいと思います。

「ウェブサイトやインターネット技術」
ウェブサイトやインターネット技術ができること、できる範囲、得意なこと、を知る

「営業課題」
営業課題としてよくある課題や解決策を知る

- 「ウェブサイトやインターネット技術」を用いて「営業課題」を解決する。あるいは「営業戦略」を実現する。
- 「営業プロセス」に「ウェブサイトやインターネット技術」の得意分野を組み込み「新しい営業のしくみ」を作る。

「営業プロセス」
営業の流れ、マーケティングの流れ、その組み合わせ方を知る

「新しい仕組み」「営業戦略」
ウェブマーケティングを活用した営業モデルとしてどのような形があるのか、どのようなトレンドがあるのかを知る

図2-1　BtoBのウェブマーケティングに必要な知識体系

2-2 営業環境の変化

　解決すべき営業課題を捉えるには、まず今、営業担当や営業部門が置かれている環境を知る必要があります。

　インターネット技術の発展が企業活動に大きな影響を与えてきたことは誰もが疑いようのないことでしょう。例えば、ウェブサイトで企業情報、製品情報を企業自らの意思で幅広く告知することができるようになりました。データベースも比較的安価に活用できるようになり、ほとんどの企業が顧客データを蓄積し、メールマガジンなどを通じて企業自ら顧客へダイレクトにメッセージを送るようになりました。会員サイトや EC 技術も進展し、顧客にカタログ以上の付加価値を提供することができるようになりました。顧客の動きをデータから分析し、今までになかった知見も得られるようになりました。いずれもインターネットがもたらしたメリットですが、ここに挙げたものは主に企業側がインターネット技術を活用する視点です。

　重要なのは企業側のできることがどんどん拡大したように、顧客の行動もどんどんと拡大し変化しているということです。以降では 3 つの観点から、改めて顧客に起こっている変化を整理していきます。

観点① 顧客の情報収集先の変化

　1 つは顧客が持つ情報入手先の変化です。従来は、顧客の立場で製品やサービスの情報を調べるためには一定の労力が必要でした。ただ待っているだけでは世の中にどのような製品やサービスがあるのかという情報は集まりません。代替製品や上位サービスにどんなものがあるのか、仮に見つけたとしても価格相場や導入したときにどのくらいの効果があるのかが分かりません。そのため、製品やサービスをより深く知るためには、カタログをもらったり、展示会に出向いたり、営業担当を呼んで商談をしたりしなければなりませんでした。顧客が積極的に情報を取りに行かなければ、製品調達に必要な情報が集まりません。こうした時代には、営業担当に会い、カタログの説明を受け情報提供を受けるというだけでも一定の価値があったと言えるでしょう。

顧客が持っている情報が少ない状態だからこそ、飛び込み営業やテレアポだとしても顧客にとっても情報収集を行うメリットがありました。飛び込みで来た営業から情報収集をすれば、サービスごとの相場観や機能・品質の違いもつかめます。すぐに契約をするつもりがないとしても、将来の調達業務に有益な情報として認識されたはずです。顧客側から見ても営業に会うべき合理的な理由があったと言えます。

　しかし、多くのBtoB企業がウェブサイトを積極的に活用するようになり、顧客側から見ると情報収集が圧倒的に容易になりました。今は、インターネット上ですぐに代替商品を探せます。競合製品の機能も価格も、インターネット上で情報収集ができます。導入事例や効果についてもある程度の情報収集が可能になりました。人を介する必要が低下し、煩わしい営業に時間を割いてまで情報収集をする必要がなくなりました。ふらっと来た飛び込み営業やテレアポに耳を傾ける必要性は従来よりも大幅に減ったと言えるでしょう。顧客が自ら情報収集ができるようになったということは、とても重要な変化です。

　営業活動を行う企業側の視点に立てば、営業にはもう「情報提供という機能」は求められなくなったと言えます。顧客の持っている情報が少ないからこそ成り立っていた情報提供型の営業活動は限界に来ています。カタログ情報はウェブサイト上にほとんど掲載されているため、単に機能説明やメリットの説明をするだけでは、わざわざ時間を割いてまで営業担当に会う価値を生み出すことはできなくなっています。

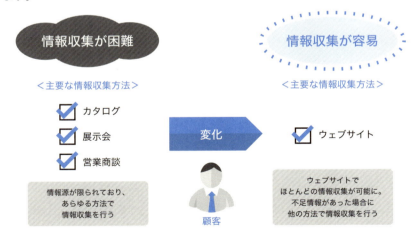

図 2-2　顧客の情報収集先の変化

観点②　顧客の行動範囲の変化

　もう1つの重要な変化は顧客の行動範囲の変化です。ウェブサイトで情報収集が容易になったことで、今まで取引のない企業だとしても気軽に問い合わせができる環境になりました。仮に、遠方の企業だとしても営業に会って情報収集する必要性が少なくなり、要件を満たせば調達先の候補になるようになってきました。また、会員サイトやECサイトを通じて、在庫情報の確認やリピートオーダーを効率化するなど新しい価値を提供する企業も現れ、調達後や継続的な購買行動にも新しい利便性が生まれてきています。顧客がインターネットを使ってできることが圧倒的に増え、単純に営業が個々人でがんばるだけでは対応できないほど、顧客の行動範囲が広がっています。

　営業活動を行う企業側の視点に立てば、既存顧客だとしても、ただ製品・サービスを提供しているだけでは安泰ではなくなってきたということです。顧客が主体的に、より低コストや高機能の競合製品を簡単に探すことができ、競合として戦わなければならない敵の範囲も広がっています。

　顧客の行動範囲が広がることによって、ウェブサイトにおいても単にカタログの情報を掲載し、総合的なお問い合わせフォームを置いておくだけでは、もはや十分なアピールにならなくなってきました。従来では営業が手持ちで個別に判断してい

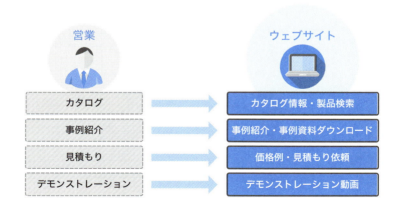

図2-3　ウェブサイトコンテンツの拡大が営業コンテンツを奪う

たような「個別事例の紹介」や「見積もり」、実際の製品やサービスを体験できる「製品のデモンストレーション」や「サンプル提供」などさまざまなアクションがウェブサイト上に公開されるようになってきています。

　顧客行動範囲の拡大に合わせ、企業側は積極的な情報提供を行い、悩み事に応じたあらゆる窓口を広げ、顧客に選択肢を与えることが重要になってきています。必然的に営業の手持ちのコンテンツが減り、ウェブサイトにその機能がどんどん奪われています。営業だけが持つことのできるコンテンツや機能という面からも、営業環境は厳しくなっています。

観点③　顧客が営業に期待する役割の変化

　先に挙げたとおり、顧客の持つ情報量が多くなったことにより、営業はただ商品を紹介するだけでは売れなくなってきました。カタログと同等の情報は既にウェブサイトに公開されていることがほとんどです。そのため、同じような説明を現場でしたとしても顧客に有益だとは思われません。また、顧客自らが積極的に競合を探せるようになったことで、顧客側はたくさんの候補を持ちながら有利に交渉ができるようになりました。営業は不利な交渉条件の中、新しい敵と戦うという、より厳しい環境に陥っています。

　このような状況の中、目をそらしてはならない3つ目の変化は、顧客が営業に期待する役割の変化です。現在のように情報の顧客優位が強くなっている状況下では、顧客が営業に期待する役割も益々厳しくなってきています。ウェブサイトではできないこと、わざわざ人と会う価値が営業に求められるようになってきました。より高度な要求が突きつけられるようになっています。

　人を介在しなければできないこととは、例えば商談の中で、

- もやもやとした悩みを明確にする、問題の切り分けをする
- 解決できないと思っていた悩みに解決の可能性を提示する
- 調達できない、調達が難しいと思っていた製品を調達可能にする
- 低コストを実現するためのアドバイスがもらえ、交渉ができる

といった内容です。いずれにしても、その業界の専門家としての知見が問われます。

034　　Chapter2　【戦略編】自社のあるべきモデルを考える

もう少し整理をすると、悩み事が業務の上流であればコンサルタント的に課題を明確化し、次にどんな手を打つべきか、的確なアドバイスがもらえること。悩み事がより業務下流の調達に近付けば、仕様や価格に適した商品を時には自社以外の代替品も使いながら最適な調達を支援することになります。いずれにしても、相手の悩み事に対して、より深い知見から次の一手を導くビジネスコンサルタントしての資質を問われるということです。

　手持ちの営業ネタが減る一方で、営業にしかできないアクションが求められ、営業はより高度な仕事になっていきます。そのような流れの中で、仕組み化できる部分はすべてITに代わるといっても過言ではないでしょう。今後、焼き増しできる「営業の仕組み」部分はウェブサイトに取って代わられ、逆に人間にしかできないコンサルティング営業が必須となります。営業部門としては、再度、個々の人の力に目が向けられ、数ではなく営業活動の質や付加価値が問われるようになるでしょう。すべての営業が、「最適調達ができるコンサルタント」「上流からビジネスに影響を与えられるコンサルタント」を志向せざるを得ません。

　ただし、営業に求められる要素が高度化することは決してマイナス面だけではありません。むしろ、もともと悩み事を解決するコンサルタント的な営業活動をしていた人にとっては、差別化がしやすく、やりやすい状況になったとも言えるでしょう。

　顧客と対等以上の関係で交渉するためには、顧客の悩みが解決していない、早い段階でアプローチする必要があります。幸いなことに、顧客の情報収集、行動範囲の拡大によって浅く悩んでいる状態からでも顧客とコンタクトが取れる可能性が広がってきました。従来の顧客は、予算が決まる前段階においては、展示会に行ったり、セミナーに行ったりする行動が主だったと思います。今では、ネット上からホワイトペーパーをダウンロードして概況をつかんだり、オンラインセミナーを受講したり、専門のオンラインメディアで常に新しい情報を得たりすることが主な行動パターンになってきました。具体的な製品やサービスの選定前段階から顧客を捉えることができる可能性が広がったとも言えます。悩み事の早い段階から、顧客にコンタクトし、コンサルタント的にアドバイスを積み上げることで、より優位な交渉状態を作り上げることができます。

　営業環境が厳しくなる中、多くの企業は今のままの営業スタイルでは商品が売れなくなる可能性をはらんでいます。実際に今の営業活動では行き詰るのではないか

というリスクを感じている人も多いでしょう。これから本気でウェブマーケティングに取り組もうという方には、ぜひ長期的な視点に立って、自社を有利な環境に導くための仕組みを作るという意気込みで臨んでいただきたいと思います。それが一挙にできないとしても、新しい形を模索しながら進むことを強くお勧めします。そのためにも、ウェブマーケティングを考えるとき、ここで挙げた大きな顧客の変化の流れを無視することはできません。

図 2-4　営業に求められる機能

2-3　BtoBウェブマーケティングのターゲット

　BtoBのウェブマーケティングのターゲットを考える場合、事業としてのターゲットははっきりしているはずです。実際に筆者がクライアントにヒアリングをしていても、「従業員規模が500人以上の人事部門」だとか、「首都圏の工場で物流拠点が5か所以上」だとか、「クラウドの導入が進んでいない中小企業」だとか、かなりはっきりとしたターゲット像をイメージしていることがほとんどです。

　しかし、ターゲットがはっきりとしていたとしても、そのまま作戦に落とし込むことができないのがBtoBのウェブマーケティングの難しさです。まず、ターゲットを考えるうえで3つの関門をクリアする必要があります。

関門①　サイト構造の問題

　多くの場合、製品やサービスは作られる際にある程度ターゲットが定められています。そのため製品やサービスごとにターゲットがあります。これをウェブサイト上で表現しようとしても、製品やサービスが複数ある場合必ずしもターゲットは一致しません。1製品＝1企業という状況であれば、ウェブサイトの活用方法を統一的に進めることができますが、多くの場合はそうではないのが実情です。異なるターゲットを1つのサイトの中で展開しようとすると、残念ながらウェブサイトの構造によっては制約を受けることになります。事業として狙いたいターゲットにウェブサイトを特化できないケースが生じてしまいます。

　まずコーポレートサイトとしてのターゲットを考えてみましょう。コーポレートサイトとして捉えた場合、

- 顧客──Client（5つのClient）
- メディア──Media
- 求職者──Recruit
- 投資家──IR
- 社会──CSR

が主なターゲットとなります。なお、「顧客」は、既に接点のある顧客だけでなく、見込み客、あるいは販売パートナーやエンドユーザーまで幅広く情報を提供する必要があります。直接的に販売を行っていない企業ではむしろパートナー向け戦略やエンドユーザー向けのサポートが重視されます。

図2-5　コーポレートサイトのターゲット

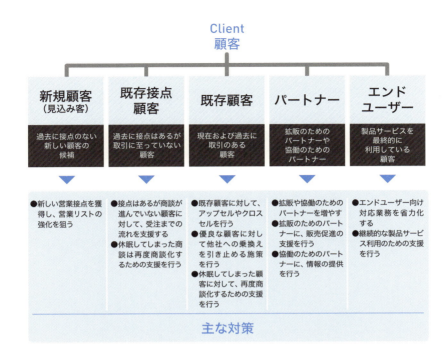

図2-6　顧客の5分類

　コーポレートサイトとして捉えたとき、「メディア」も重要なターゲットです。ニュース性の高いオフィシャル情報を提供し、プレスリリースの拡散やメディアからの取材獲得を狙います。「求職者」「投資家」「社会」についても欠かすことのできないターゲットです。それぞれ、ウェブサイトでできる作戦の可能性が広がっており、コーポレートサイトの中でも無視できない存在です。コーポレートサイトでは、このようなあらゆるターゲットが混在した中で、

- トップページの有利なポジションを取り合う
- ナビゲーションに優劣を付け、構造化する
- 混在したデータの中から分析を行う

必要があります。限られたスペースの中であらゆるターゲットが訪問しても無理のない構造にするため、営業やマーケティングに割かれるウェイトがどうしても削ら

れてしまいます。大きな規模のサイトになればなるほど難しい側面があります。

　一方、マーケティングサイトとして捉えた場合、

- ●「新規顧客」……まったく接点のなかった新しい顧客。
- ●「既存接点顧客」……セミナーや展示会など何かしら接点のある顧客。
- ●「既存顧客」……過去に取引があったり、継続して取引があったりする顧客。

が主なターゲットになります（図 2-6 参照）。それぞれの顧客に特化した、コピー
やコンテンツ、問い合わせ窓口を設置することが望ましい姿です。しかし、コーポ
レートサイトの中では、デザインやページのルールに一定の制約を受けることにな
ります。ターゲットに特化したウェブサイトにしたいものの、そううまくは行きま
せん。

　このように、自社のサイト構造が関門になる場合があります。

サイト構造の変化

　コーポレートサイトとしてのサイト構造にも変化が出てきました。かつてはガイド
ラインでルールを決めて同一のサイト構造の中で均質な情報を展開しようという
傾向でしたが、最近ではコーポレートサイトでの情報は一定量維持しつつ、併用し
てスペシャルサイトを展開することでマーケティング機能も持たせるようになって
きました。製品・サービスサイトをスペシャルサイトとして、コーポレートサイト
との役割分担を行うターゲット分化型のパターンです。オーソドックスなパターン
では、コーポレートサイト内では「機能」「基本仕様」「価格」などを同一フォーマッ
トで掲載し、各製品・サービスのスペシャルサイト内では魅力的な情報や特別な問
い合わせ窓口を展開し役割分担する方法です。こうすることで、コーポレートサイ
トでは「共通事例」「ホワイトペーパー」など製品・サービスに横串を挿したコン
テンツを展開したり、「検索機能」や「サービスマップ」などから目的の製品・サー
ビスを探しやすくする機能に特化したりすることができます。一方、スペシャルサ
イト内では、その製品・サービスのターゲットに合わせてコピーやコンテンツを専
有して配置し、問い合わせフォームではその製品・サービスに特化した情報収集を
させることができます。

　また、機能や目的でサイトそのものを分ける機能・目的分化型のパターンもあり

BtoB ウェブマーケティングのターゲット　　039

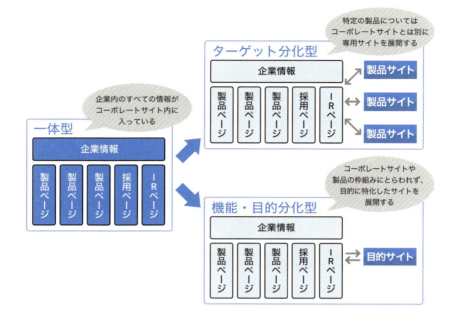

図 2-7　サイト構造の変化

ます。例えば、「製品検索」「FAQ」「EC サイト」など、特別な機能を持たせたスペシャルサイトをコーポレートサイトとは別に展開する方式です。特別な機能を実現するために、メニューやコンテンツをその機能だけのために特化することができ、顧客の利便性をより高められるようになります。目的でサイトを分け、「新規獲得向け」「既存顧客向け会員サイト」などを展開するパターンもあります。既存顧客の訪問が大多数を占めているサイトでは、新規獲得の情報優先度が下がり、むしろ新規獲得がしづらくなるというジレンマがあります。そこで、新規獲得は思い切ってスペシャルサイトに任せ、広告や SEO もすべてスペシャルサイト側に注力するなどの方法があります。

　いずれのパターンにしても、製品・サービスごとに異なるターゲットすべてを満足させるためには、コーポレートサイトの中に同じフォーマットで製品・サービスサイトを格納するだけでなく、マーケティングサイトとしての機能を共存させる工夫が必要です。コーポレートサイトとしてもマーケティングサイトとしても、双方がメリットを出せる構造が理想的だと言えるでしょう。

自社の現状を振り返ったとき、ウェブサイトの構造は実現したいマーケティングプランを実行しやすい環境にあるでしょうか？　実行できる環境でないのならば、実行しやすい環境を整備することも必要になります。

関門②　ターゲットにアプローチ可能か？

　2つ目の関門は、ターゲットにアプローチできる方法はあるか？　という問題です。せっかくターゲット像が明確になっていたとしても、そのターゲットにアプローチできなければ実現性が低い計画になりかねません。狙おうとするターゲットが実際にどのくらい存在し、集客や広告を通じてアプローチすることができるのか？　BtoB分野でウェブマーケティングを展開する場合のもっとも難しいところかもしれません。

　ウェブサイトでターゲットにアプローチできるかどうかを調査する方法として、有力な方法の1つが「検索需要の調査」です。Chapter1の中で、検索の需要に対して1,000分の1が問い合わせ獲得の上限目安だと紹介しました。

　改めて解説をすると、検索キーワードに対してうまく広告出稿をできれば、CTR（Click Through Rate）5%程度が見込めます。ウェブサイトに顧客が訪問し、質の高いサイトであれば2%程度のコンバージョン率が見込めます。5% × 2%で1,000分の1が検索からの問い合わせ獲得の上限の期待値になります。検索の需要は推定値であるため、実際の数値とは大きな差のある場合がありますが、事前に計画を練るには十分有用な数字です。特に検索需要が少ないキーワードでは、誤差が大きくなりがちなので、精密な計画を立てたい場合は少額でも狙ったキーワードに対して実際に広告を出稿し、インプレッション数を測るのがより確実な方法です。

　自社の製品・サービスが想定できるキーワードをリストアップし、検索需要の合算値を1,000分の1にすることで検索から獲得できる「可能性のある問い合わせ数」を測ることができます。「可能性のある問い合わせ数」が「営業上期待したい問い合わせ数」に収まっていれば、検索対策を中心としたウェブマーケティングで目標を達成できることが見込まれます。その場合はターゲットに十分アプローチできると考えてよいでしょう。

　しかし、検索の需要が少なかったり、営業目標に到達しない見込み値であったりする場合、検索以外の集客方法を検討しなければなりません。ウェブから直接集客

ができる可能性としては、「専門媒体」「自社リスト」「グループ会社のメルマガ／イントラ」などのアプローチが考えられます。また、ウェブから直接集客ができないとしても、営業活動として蓄積されたデータやリスト購入などを通じて、母数を増やすことも検討できます。

　これらの数字をしっかりと見極めながら、現実的なラインを決めることが大切です。狙ったターゲットがきちんとアプローチできる領域に存在しているのか？　どの程度の数にアプローチが可能なのか？　戦略を立案するうえで、実行可能性を左右する大きなポイントとなります。

関門③　ターゲットは状態が重要

　3つ目の関門は「ターゲットをどこまで詳細に捉えるか」という問題です。先に挙げた「従業員規模が500人以上の人事部門」「首都圏の工場で物流拠点が5か所以上」「クラウドの導入が進んでいない中小企業」などはターゲットとしてある程度絞り込まれているものの、実際のコンテンツを練り上げていくにはさらにイメージを掘り下げていく必要があります。ターゲットのイメージを掘り下げていくのに必要なキーワードは、ターゲットの" 状態 "です。ターゲットの状態とは、例えば、

- まだ悩んでいる段階なのか？
- すぐにサービスを調達しようとしている段階なのか？

といった、どのような検討段階にあるかということです。検討段階によって、顧客が求める情報や要求も変わってきます。そのため法人の意思決定プロセスを紐解いていく必要があります。

法人の意思決定プロセスとは？

　法人内で意思決定を行う場合、複数人で検討する場合がほとんどです。多かれ少なかれ稟議を経由します。ただし、稟議を提出する前の段階では、誰かが旗振り役をやり、情報を積極的に集め、費用と効果を分析し、稟議を上げるための基礎を固めているはずです。この旗振り役の人をつかみ、信頼を獲得することができれば、意思決定の早い段階から影響を与え、商談の可能性を高めることができます。

042　Chapter2　【戦略編】自社のあるべきモデルを考える

法人における意思決定の流れの最初のフェーズは「社内議論・戦略策定」です。旗振り役の人が、社内のメンバーを巻き込みながら、基礎となる情報を収集したり、他社を分析したりすることで徐々に課題を明確化していきます。課題がある程度明確になってくれば、各課題に対する解決の方策を調査し、絞り込んでいきます。予算を獲得してまで実行するべきか、まずは判断を行う段階です。

　次に、予算獲得をすべきだ、という意思決定がなされれば「案件定義・基本計画」のフェーズに入ります。実際に予算を獲得するにあたって、どの解決策を採用するべきか、各解決策を実行するためにはどのくらいの費用がかかるのかの概算を詰めていきます。費用の見込みが分かれば、予算を使った分、どのくらいのメリットが見込めるかを算段します。これらを稟議として合意を得るための資料に落とし込み、該当のプロジェクトに積極的ではない人も説得できるものに仕上げていきます。そして、実際に稟議にかけ、予算承認を得る。ここまでが法人の意思決定の「上流工程」です。

　上流工程で顧客にアプローチすることができれば、課題明確化や予算策定といった重要なプロセスにアドバイスを行うことができます。上流工程での信頼関係は以降のフェーズで必ず有利に働きます。特に、高額な商品や専門的・コンサルティング要素を含むサービスなどは上流に入ることが不可欠と言ってよいでしょう。

　予算が確定すると、「業者情報収集・コンタクト」を行います。予算計画に合わせて、規模や時期が絞り込まれます。要望を整理し、場合により RFP などを作成します。

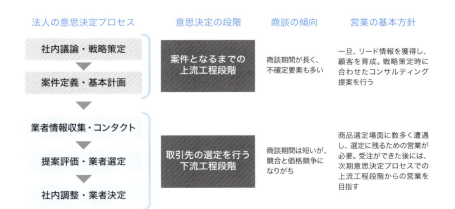

図 2-8　法人の意思決定プロセス

BtoB ウェブマーケティングのターゲット　　043

上流工程から関わっている業者があればもちろん業者選定の最右翼になりますが、新たに可能性のある企業があれば詳細を調査し、実際にコンタクトを取ります。その後、提案のためのオリエンテーションを実施し、実際に提案を受けるという流れになります。続く「提案評価・業者選定」の段階では、実際に受けた提案を吟味し、内容を評価して、最適な調達を行うために条件や要件を調整していきます。最後に「社内調整・業者決定」です。吟味された業者をリスト化し、社内の意思決定機関で合理的だと判断されるように報告を行い、実際に業者が決定します。この予算決定から調達の工程が「下流工程」です。

下流工程から商談に呼ばれた場合、同じように競合他社にもコンタクトを取っていることが想定されます。競合が多くなれば、当然価格や要求仕様の交渉もより厳しくなります。

上流工程／下流工程の特徴と対策

法人の意思決定の上流工程／下流工程の特徴をまとめると表 2-1 のようになります。

上流工程では、課題が明確になっていなかったり、要求仕様が確定していなかったりするケースが想定されます。そのため、基本的にコンサルティング的アプローチが必要です。広告に出稿するコピーも、初めて目にするコンテンツも、問い合わせ窓口も、ダウンロード資料も、ウェブサイトで得られるさまざまな体験がコンサルティングを期待させるものでなくてはなりません。もし、上流工程で顧客をつかむことができれば、顧客の悩み事に深く入り込んだ営業活動が可能です。営業活動

表 2-1　意思決定フェーズによる顧客の特徴

顧客の状態	特　徴	メリット	デメリット
上流工程の顧客	●課題が明確になっていない ●仕様や要求が確定していない →課題の明確化が求められる	●コンサルティング営業が可能 ●予算獲得に参画できる ●随意契約が得られやすい	●リードタイムが長い ●商談そのものがなくなる可能性もある
下流工程の顧客	●課題がある程度明確 ●仕様や要求が確定 →具体性のある提案が求められる	●リードタイムが短い ●案件が消えることはまれ ●納期も明確	●コンペになりやすく競合が多い ●価格競争になりがち

044　Chapter2　【戦略編】自社のあるべきモデルを考える

がうまく行けば予算獲得にも参画でき、随意契約が得られる可能性も広がります。一方、予算が確定していないということは、営業活動にかかるリードタイムも長くなりがちで、予算獲得に失敗すれば商談そのものがなくなる可能性もあります。有利に営業活動を展開できる分、一定のリスクを負う営業活動になると言ってよいでしょう。

　下流工程では、解決すべき課題も調達すべき製品やサービスもはっきりとしているケースが想定されます。そのため、最適な調達を支援するアプローチが必要です。具体性のある提案を行い、価格やメリットをはっきりと明示し、ウェブサイトも含めスピーディな対応が重要です。下流工程の顧客と商談になった場合、リードタイムが短く、コンペ形式であれば期限も受注／失注の可否もはっきりとしています。反面、同様の問い合わせを競合に対して行っている可能性が高く、価格や仕様面である程度厳しい要求にさらされます。要望がはっきりしている段階からでは、提案を積み重ねて信頼を獲得し、他社よりも有利に交渉をする時間も確保しにくくなります。

　上流工程で顧客をつかむか、下流工程で顧客をつかむかによって、商談の質は変化します。上流工程を狙ってコンサルティング的な営業を展開するのか、下流工程を狙って最適な調達を支援するのか。あるいは、まずは下流から入って次期の上流を狙うのか。どの方法が自社の現状にとって有利なのか考える必要があります。ターゲットの狙うべき状態がはっきりとしてくれば、どんな広告媒体に出稿すべきか、どんなコピーを考えるべきか、コンテンツやダウンロード資料には何を選ぶべきか、いずれもはっきりとしてきます。

　ターゲットを考えるとき、ターゲットの企業名や業種、規模といった静的な情報での評価で終わってしまいがちです。動的な側面である「意思決定の状態」を加味することを忘れてはいけません。

ターゲットのマッピング分析

　さらに顧客に伝えるべきシナリオをはっきりとさせていくためには、顧客の意思決定の状態に加え、もう一つの軸を与えることでよりイメージがはっきりとしてきます。意思決定の軸にもう一つの軸を加えると、後掲の図（図 2-9、2-10）のように 4 つのブロックができます。この 4 つのブロックごとに、どのようなキャッチコピーやコンテンツが必要なのかを考えるのが「ターゲットのマッピング分析」で

BtoB ウェブマーケティングのターゲット　　045

す。

具体的なケースでは、

- 専門的な商材のシナリオ「意思決定軸×技術知識」
- 解決方策が多い商材のシナリオ「意思決定軸×方針明確化」

などが考えられます。

専門的な商材のシナリオ「意思決定軸×技術知識」

例えば、専門的な商材の例として「検査機器」の販売を想定してみます。検査機器では、顧客にも自社内の開発や営業にも高度な技術理解が求められます。しかしながら、顧客の調達を担当する人が必ずしも技術知識が高度なわけではありません。

技術知識の高くない人は、

- 企業内で初めてその製品調達を担当する
- その企業や部署として初めてその製品群を導入する
- 関連する知識群が幅広く、その製品への知識は乏しい

など、該当製品の専門知識がない場合があります。

逆に技術知識が高い人は、

- 自分たちが想定している検査がどのくらいの精度でできるか知りたい
- 実際の使用感などスペックでは分からない部分が知りたい
- 高度な使い方としてカタログに載っていない活用ができるか知りたい

といった人が想定されます。

技術知識が低い人、技術知識の高い人を1つの軸に取り、意思決定の段階について予算化の有無をもう一方に取ると図2-9のようになります。ターゲットを4つのブロックに切り分けることで、具体的なコンテンツに落とし込みやすくなります。ここでは分かりやすくするために、問い合わせ窓口だけで考えてみましょう。

「シナリオ1 技術知識高いかつ予算化済」であれば、カタログやウェブサイト

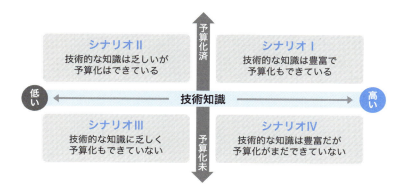

図 2-9 「意思決定軸×技術知識」のターゲットマッピング

の情報だけでも一定の判断ができるはずです。予算執行に近付けるためには、さらに踏み込んだ情報を提供し、実際の精度や使用感などカタログ情報だけでは分からない体験ができるようにすることが望ましいでしょう。例えば、「テスト機の貸し出し」の問い合わせフォーム作ることで、すぐに具体的に検討したい人向けの窓口を作ることができます。

「シナリオⅡ　技術知識低いかつ予算化済」であれば、予算が確定しているものの技術的な知識に乏しく、意思決定がしにくいことが想定されます。技術的な悩みや疑問点を徹底的に解消し、自社の製品が該当する要件に合致することを説明していかなければなりません。例えば、技術的に解明できていない点を専門的に回答できる「技術相談窓口」を設けたり、実際に調べたいものをお試しで検査できる「試験窓口」などを設けたりすれば技術に詳しくない人でも安心して問い合わせができるかもしれません。

「シナリオⅢ　技術知識低いかつ予算化未」であれば、どのくらいの予算で、どんなことができるのか基本的なラインナップを知らせることが大切です。すぐには商談にならないかもしれないけれど、製品の理解を深めてもらい、記憶にしっかりと残るほうがよいでしょう。例えば、カタログをダウンロードできるようにしたり、「製品の選び方」といった技術的な知識が高くない人でも製品選定ができるダウンロード資料を作り、アドレスをもらって送付したりするなどの方法が考えられます。

「シナリオⅣ　技術知識高いかつ予算化未」であれば、どの製品がどんなことができるのかは理解されていることが想定できるでしょう。技術的な知識の豊富な人

が予算を取りやすくするためには、稟議の支援をすることが大切です。例えば、過去の納入実績や検査実績などをまとめた資料をダウンロードしてもらうことで、実績からして製品導入したほうがよいという社内の意見を後押しすることもできます。導入メリットをケース別にまとめた資料を作成し、意思決定をする他の人に説明をしやすくするなどの工夫もできます。

解決方策が多い商材のシナリオ「意思決定軸×方針明確化」

　解決方策が多い商材の例として「売上アップコンサルティング」を想定してみます。「売上を上げる」といったときに、さまざまなアプローチが考えられます。ウェブサイトを活用し、リードを増やすこともそうでしょう。ダイレクトメールで資料を送付するのが効くかもしれません。個々の営業担当の能力を高めるための研修も有効でしょう。商談の管理ができていなければ SFA が効果的かもしれません。1つの目的に対してさまざまな対策の方法が考えられます。解決方策が多いということは、悩み事に対してどんなアプローチで課題を解決していくのか、さまざまな組み合わせパターンが考えられることになります。この場合、顧客側である程度解決をする方針が決まっているか、決まっていないかによって大きくアプローチの方針が変わってきます。

　方針が明確ではない人は、

- ●自社の課題がはっきりとつかめていない
- ●課題に対して、どんな対策があるかが分からない
- ●対策の可能性が多く何から手を付けるべきか優先度が判断できていない

といった人です。

　対策方針が明確な人は、

- ●課題をある程度つかんでいてやりたいことがはっきりしている
- ●やりたいことの中でもっとも効果的なものを見つけたい
- ●やりたいことがよりうまく進められる方法が知りたい

といった人が想定されます。

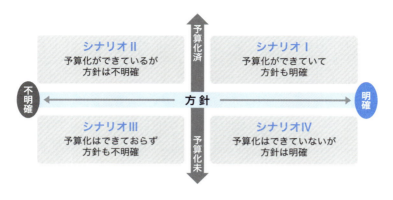

図 2-10 「意思決定軸×方針明確化」のターゲットマッピング

　方針が明確か否かを軸に取り、予算の有無をもう一方の軸にしたものが図 2-10 です。上記の 4 つのブロックに分けることができます。今度は事例や実績のコンテンツを作ることを想定してみます。

　「シナリオⅠ　方針明確かつ予算化済」の人は、自社の状況をよく理解し、周辺知識も豊富でやりたいことを実現するために予算を獲得してきたことが想定されます。もし、コンテンツを作るのであれば、今やろうとしていることと合致する「詳細事例」を見せ、具体的なイメージを湧かせ、コンサルティングのメソッドや導入中のノウハウなど推進力を感じるコンテンツが魅力的に映るでしょう。

　「シナリオⅡ　対策不明確かつ予算化済」には、会社の課題として予算が付けられたものの、打つべき対策が決めきれていないケースが想定されます。コンテンツとしては、予算規模や課題の傾向ごとにできる対策のパターンを提示することが求められます。例えば、「予算別のケーススタディ」や「課題別解決策のフローチャート」などがあれば、自分の状況に応じてどのような解決策の方針があるのかよく理解ができるはずです。

　「シナリオⅢ　対策不明確かつ予算化未」には、これから「売上アップ」をやらなければならないと意気込んでいる人が想定されます。うまく後押しし、予算獲得のお手伝いができれば、後々、大きく花開くかもしれません。コンテンツとしては、実績に横串を挿して集計した「ホワイトペーパー」を提示し、どんな解決方法を採っている企業が多いか、どのくらいの予算をかけて課題解決を行っているかなどの平均データを出す方法があります。同内容の「セミナー」に誘導し、ケースを紹介し

ながら、その顧客の課題を明確化し、方針を具体化することで、予算化の足掛かり を作るお手伝いをすることができます。

「シナリオⅣ　対策明確かつ予算化未」には、やりたいけれど、予算が取れてい ない場面が想定できます。予算化を支援するためのコンテンツが必要です。例えば、 成功事例を作るとしてもビフォーアフターにフォーカスを当てたものや「12%売 上アップを実現」といった数値を想定できる事例が効果的です。実績の資料を作る としても、累計実績が多い、成功確率が高い、同じ業界に50社実績がある、など コストをかけるべきだと感じさせる資料で稟議を後押しします。

4象限のマッピングによるターゲット分析の有用性

このようにターゲットごとのシナリオを考えるのに、4象限のマッピングは有用 です。その他マッピングのための軸の例として「規模の大小（大ロットか小ロット か）」「継続性の有無（継続契約か単発契約か）」「カスタマイズの有無（既存製品か カスタマイズが必要か）」など、さまざまな軸が考えられます。

ターゲットを4象限で捉えると、顧客の特徴を的確に捉えながらも、実際に対 策も講じられるちょうどバランスが良い数になります。ターゲットをバランス良く 想定できれば、想定に合致した問い合わせ窓口をきちんとラインナップし、どんな 状態の顧客が来ても対応できるウェブサイトになります。1つのターゲットだけを 重視したいのであれば、該当する問い合わせ窓口を優先的に見せ、狙ったターゲッ トにより響くようにコンテンツを尖らせることができます。同じ「事例」や「問い 合わせ窓口」だとしても、想定するターゲットにフォーカスを当てることで、メッ セージ性の高いウェブサイトに変わっていきます。

実行可能性のある、詳細なターゲット像を

改めて、ターゲットについて考えなければならないポイントは、

- ● ターゲットを狙えるサイト構造にあるか
- ● ターゲットにどの程度アプローチ可能か
- ● ターゲットの状態を意識した適切なセグメントができるか

の3点です。企業名をリストアップし、業界や規模を指定しただけでは「ターゲッ

トを絞った」とは言えません。ターゲット像を明らかにしたうえ、実際にアプローチできるかを算段し、具体的な戦略に落とし込んでいくことが大切です。狙いたいと思っていたターゲットにはアプローチがかなり難しいということが分かってくる場合もあります。その場合は思い切った方針の変更が必要です。狙いたかったターゲットは、将来、アプローチできる新しい媒体ができたり、ハウスリストが溜まったりした段階での未来の計画として期待するようにし、今、現実的に狙えるターゲットへと目を向ける必要があります。絵に描いた餅に終わらせず、具体的な計画にすることで、「こうしたい」から「こうできる」といった実感に変わっていきます。

2-4　営業課題の 9 つの分類

営業課題とは何か？

　BtoB のウェブマーケティングを考えるときに、今抱えている営業課題を捉えることが重要だとお伝えしてきました。では、営業課題とは具体的にどのようなケースがあるのか。顧客の分類から課題を整理していきたいと思います。顧客は大きく分けて 3 つのブロックに分類できます。

- ●新規顧客……まったく接点のなかった新しい顧客。
- ●既存接点顧客……セミナーや展示会など何かしら接点のある顧客。
- ●既存顧客……過去に取引があったり、継続して取引があったりする顧客。

　それぞれに対してよくある営業課題をまとめたのが、表 2-2 です。全部で 9 つの営業課題を挙げました。

営業課題の 9 つの分類　051

表 2-2　意顧客分類とよくある営業課題

顧客ブロック	顧客の説明	営業課題
新規顧客	まったく接点のなかった新しい顧客	①新しいリードが不足している ②有力なリードが得られていない ③商談後の成約率が低い
既存接点顧客	セミナーや展示会など何かしら接点のある顧客	④リード情報を組織的に管理できていない ⑤リード情報に定期的にアプローチできていない ⑥リード情報からほとんど商談につながらない
既存顧客	過去に取引があったり、継続して取引があったりする顧客	⑦ルート営業に手間がかかり過ぎている ⑧成約者に定期的なアプローチができていない ⑨成約者からほとんど商談につながらない

　営業組織では、組織内の役割として「新規営業」や「ルート営業」などある程度役割が明確化されていると思います。新規獲得がマーケティング部門の役割として設定されている企業もあるでしょう。それぞれ役割の中でビジネス環境の変化から営業課題が生じてしまったり、あるいは部門間のテリトリーの狭間となって営業課題となってしまったりする場合があります。営業とマーケティング活動の全体を見渡し、改めて営業課題を認識する必要があります。

新規顧客に対する営業課題

　新規顧客に対する課題では、

①新しいリードが不足している
②有力なリードが得られていない
③商談後の成約率が低い

といった課題がよくあるケースになります。

①新しいリードが不足している

　「新しいリードが不足している」とは、営業が提案を行うリードがそもそも不足しているケースです。例えば、電話や紹介ルートの問い合わせが徐々に減り、営業目標からの乖離が大きくなってきたケースです。新規事業のため認知度も低く、黙っていてもリードは来ないようなケースや、グループ企業会社からの販路以外を開拓

052　Chapter2　【戦略編】自社のあるべきモデルを考える

しなければならなくなり、新たなリードが必要となったケースなども考えられます。これらに対しては、新しいリードを増やすことで有益な営業リストを増加させ、営業成果を高めていくことが基本的な対策の方針となります。

　新しいリードを増やすためにウェブマーケティングとしてできる作戦は、主に2つの方向性に集約されます。1つはそもそもウェブサイトに来る人数を増やすことです。リスティング広告やホワイトペーパーのプレスリリース、ウェブサイト改善によるSEO強化、専門媒体への広告出稿などウェブサイトに来る人数を増やすことで問い合わせの増加を狙います。もう1つの方向性は、サイトを訪問した人に問い合わせなどの足跡を残してもらう率を高めることです。コンテンツを増強したり、より魅力的なコンテンツを配置したり、サイト内の回遊を高めるナビゲーションに変えたり、問い合わせ窓口を拡張したりとさまざまな作戦を駆使して問い合わせ率を高めます。

　いずれの作戦を取るべきか、重視すべきかの指針を得るには、主にアクセスログ分析やIP情報による企業分析から一定の判断をすることが可能です。現在、来ているユーザーの数やリピーターの数、またIP情報の企業名の分析から、既知のユーザーが多ければ既存顧客中心にウェブサイトを使われている可能性が高く、新たな流入経路の確保は不可欠です。逆に、ある程度知らない企業、商談になっていない企業がサイトを訪問しているのに、具体的な問い合わせには至っていないようであれば、企業を顕在化させるための作戦が重要になります。現状分析から、原因の切り分けを行い、なるべく効果が期待できる作戦を練り上げていくことになります。

　ただし、リードが不足しているからといって、必ずしも新規リードをたくさん生み出せば営業現場で喜ばれるとは限りません。Chapter1の初めに紹介した失敗例

図2-11　「①新しいリードが不足している」ケースにおける問題の切り分けと基本対策

営業課題の9つの分類　　053

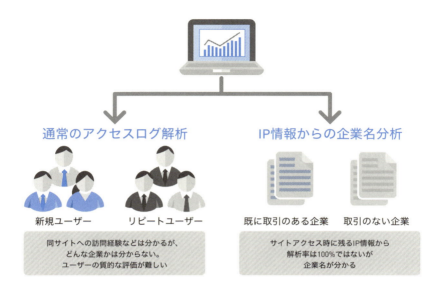

図2-12　指針を得るためにユーザーを判別する

でもあったように、留意すべき点はまず「営業が新しいリードを喜ぶ環境にあるか？」ということです。どんな見込み度合いの薄いリードでもどんと来いという営業組織は決して多くはありません。仮にリードを増やす作戦を取るとしても、

- なるべく営業上の意思決定できる情報を付与する
- 問い合わせ増加を予測し、増えるであろう問い合わせに対応できる体制を整える
- 資料送付などの効率化できる部分は別部門で対応する

などの工夫を凝らしながら営業現場に歓迎されるリード情報を供給していく必要があります。

②有力なリードが得られていない

「有力なリードが得られていない」という項目が優先課題となるのは、ある程度問い合わせはあるものの有力なリードが少なく、まだまだウェブサイトが頼りないといったケースです。この場合、そもそも有力な企業がサイトに来ていない場合と、

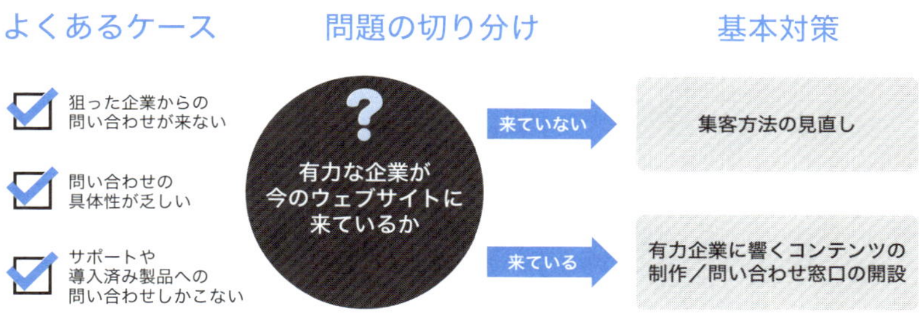

図2-13 「2 有力なリードが得られていない」ケースにおける問題の切り分けと基本対策

有力な企業に響くコンテンツを用意できていない場合に分けられます。

　そもそも有力な企業がサイトに来ていない場合は、まずは現状の集客ルートを分析し、良い集客ルートがあればより太くするという作戦が基本になります。例えば、検索エンジン広告で広告を出稿しているときに、「業種を絞り込むようなキーワードA」と「エリアを絞り込むようなキーワードB」を出稿していたとしましょう。問い合わせ獲得が同じ10件だったとすると評価は容易ではありません。通常の広告分析やアクセスログ分析では、総数は分かるものの、どの問い合わせがどちらのキーワードから来たのか簡単に判別することができません。どうしても調べたい場合、問い合わせ発生時間から実際の問い合わせと突き合わせを行い企業名を推定することくらいしかできません。

　しかし、IP情報から企業名を分析すれば、10件の問い合わせはどんな企業か、さらにさかのぼって広告をクリックした企業はどんな企業かがある程度分かってきます。企業名が推測できることで重視すべきキーワードの優劣も見えてきます。すると、同じコスト配分ではなく、「業種を絞り込むようなキーワードA」のほうが大企業からアクセスされる可能性が高いからコストをよりかけようといった判断ができるようになります。仮に同じコストを広告にかけるとしても、内訳を変え、よりターゲット層に近い集客経路を確保する作戦を取ることができるようになります。

　BtoBの場合、リスティング広告もクロスワードが多くなると広告の表示回数そのものが少なく、コンバージョン数のみで分析することが難しい場合があります。企業名分析はコンバージョンに短期的につながっていなくても、広告継続の判断が必要な場合にも使える方法です。専門媒体間の誘導力の調査にも活用できます。

営業課題の9つの分類　055

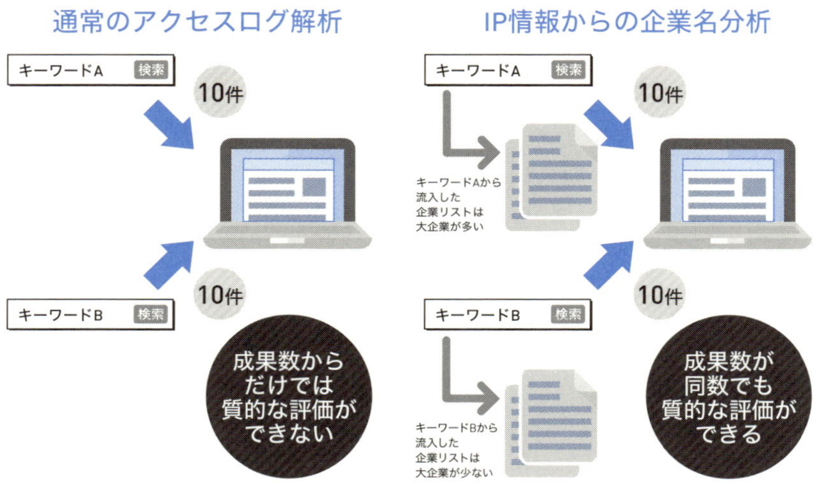

通常のアクセスログ解析

キーワードA 検索　10件

キーワードB 検索　10件

成果数から
だけでは
質的な評価が
できない

IP情報からの企業名分析

キーワードA 検索　10件

キーワードAから
流入した
企業リストは
大企業が多い

キーワードB 検索　10件

キーワードBから
流入した
企業リストは
大企業が少ない

成果数が
同数でも
質的な評価が
できる

図 2-14　企業情報から集客方法を評価する

BtoB のアクセスデータ分析としては今後、必須の手法になるでしょう。

　もし、有力企業からアクセスされるウェイトが集客ルートごとにさほど変わらない場合、新しい集客方法を試さなければなりません。検索エンジン対策であれば新しいキーワードへの SEO 対策やリスティング広告を検討できるかもしれません。専門媒体への広告出稿やプレスリリースを試し、新たな集客ルートを模索することも必要です。ウェブサイトで想定できることをやりつくしてしまったら、ウェブサイト以外の集客方法にも頼らなければなりません。ウェブサイトからの集客を超えて、ダイレクトメールと連動したり、営業担当と連携して名刺情報をメールアドレス化したりと集客ルートを変更し、狙う企業群がサイトに来る状況にしていくことが方針となります。

　一方、有力な企業に響くコンテンツを用意できていないケースはやや深刻です。ウェブサイトに有力企業が来ているということは、ある程度認知度があったり、集客施策がうまく行ったりしているはずです。しかしながら、問い合わせになっていないということは、現状のサイト上の情報では顧客の要望を充足するコンテンツを提供できていないということです。もしかすると、せっかく期待を持ってサイトに来た新規顧客が、あまり魅力的ではない商品だとか、検討に値しないサービスだと判断してサイトを離脱してしまったかもしれません。ターゲット分析を行って有力

056　Chapter2　【戦略編】自社のあるべきモデルを考える

企業が求める情報や窓口をしっかりと提供し、問い合わせを喚起するコンテンツを作り上げていくことが大切です。

事例は企業イメージを象徴する

ただし、有力企業を意識するあまりコンテンツに偏りが出てしまうことは注意しなければなりません。例えば、ある IT 系のプロジェクトマネジメントを支援する企業のプロジェクトでは問い合わせ数増加を狙って事例コンテンツを制作することになりました。幸い実績が多かったその企業では、大企業の事例掲載の約束を取り付け、その業界で見れば非常に輝かしい 3 つの事例を掲載することができました。しかし、いざウェブサイトに公開してみると、予想に反する結果となりました。もちろん、問い合わせが増えることを期待していましたが、残念ながら問い合わせの総数は減ってしまう結果となったのです。想定通りではない結果に、問い合わせの内容を分析してみると次のようなことが分かってきました。

- 狙った大企業の問い合わせは増えた
- ボリュームが多かった中堅企業や中小企業からの問い合わせが減った

狙った通りの大企業からは反応があったものの、もともとのウェイトが多くなかったため問い合わせ増加として数量は多くありませんでした。むしろ大きな企業や大規模なプロジェクトしか扱っていない印象となってしまい、もともと問い合わせのボリュームが多かった中堅・中小企業からの問い合わせが減ってしまったという結果でした。「有力な商談が増えたからよい」と感じる人もいれば、「総数が減ったからダメ」と感じる人もいるでしょう。扱っているビジネスによっても判断は分かれるところですが、重要なのは事例が企業イメージを象徴してしまう側面があるということです。

事例を掲載するのは決して間違っていない方針です。しかし、大企業ばかり掲載すれば大企業中心のビジネスに感じますし、中小企業だけが掲載されていれば中小企業向けのビジネスに感じます。グループ会社がたくさん載っていればグループ重視に見えますし、グループ会社があるのに他のグループ企業の事例も載っていれば懐の深さを感じます。事例は全体としてどのような企業が掲載されているかで、受ける印象が大幅に変わってきます。事例取材を計画するとき、ついつい掲載の交渉

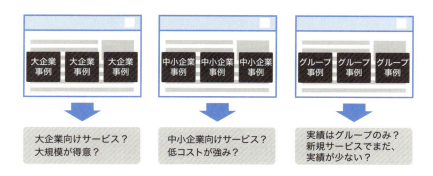

図 2-15　事例が企業のイメージを象徴する

がしやすいところに取材を依頼してしまいがちです。しかし、事例全体からどのような印象を受けるか、どのような文脈でメッセージが伝わるかを意識しなければ、狙うべきターゲットには響きません。やりやすさよりも、理想とする印象がどのようなものであるのかを重視する必要があります。

　有力なリードがサイトに来てはいるのに、問い合わせにつながっていないという課題認識がある場合は、狙っているターゲットに響くコンテンツ、魅力的と感じる問い合わせ窓口を設置するのが基本的な作戦になります。その際、ターゲットにどのような文脈でメッセージが伝わっているのかを意識しながら、コンテンツを見直すことをお勧めします。

③商談後の成約率が低い

　「商談後の成約率が低い」という課題認識がある場合、「リードに対する商談が効果的でない」という主に営業組織や営業担当が商談をいかにうまく進めるかという問題も考えられますが、ウェブマーケティングとして積極的に貢献できる側面としては「そもそも良いリードが供給できていない」、あるいは「リードの見込み度合いを判別できていない」というケースに集約されます。

　リードの質を高める場合の対策として、

- BANT 情報に代表されるリードの情報量を増やし、判断材料を増やす
- リードになった後に、定型メールやテレセールスを挟む
- 「テスト機貸し出し」「デモンストレーション依頼」「見積もり依頼」といった

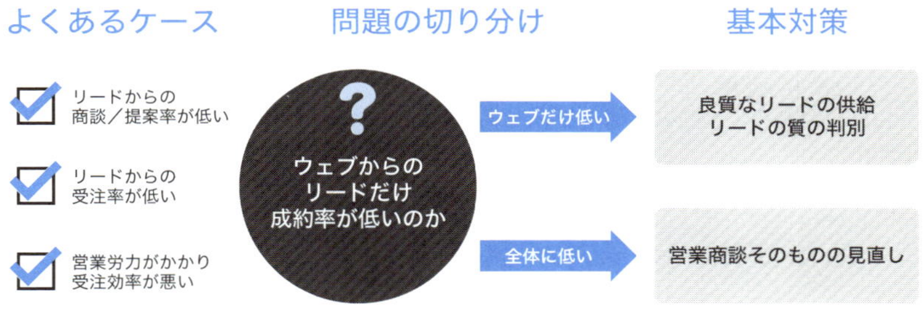

よくあるケース　　　問題の切り分け　　　基本対策

☑ リードからの
　 商談／提案率が低い

☑ リードからの
　 受注率が低い

☑ 営業労力がかかり
　 受注効率が悪い

？
ウェブからの
リードだけ
成約率が低いのか

ウェブだけ低い → 良質なリードの供給
リードの質の判別

全体に低い → 営業商談そのものの見直し

図 2-16　「3 商談後の成約率が低い」ケースにおける問題の切り分けと基本対策

　　具体性の高い窓口を作る

などの対策が考えられます。

　留意点としては、リード獲得時も、商談時もリードの質を高めたいと考えがちですが、「単にリードの質だけを高めることは難しい」ということです。現実的には、魅力的なコンテンツや問い合わせ窓口ができれば、メインとするターゲット以外の人にとってもある程度魅力的に映るため、どうしても狙ったターゲット以外からの反応も良くなります。質の高い商談だけが舞い込むようにすることは難しく、なるべくリードの量や情報を増やして、まずは良いリードを見つける判断をしやすくすることのほうが肝心です。そのため、問い合わせ窓口を増やしたり、問い合わせフォームから獲得できる判断材料を増やしたりすることが基本的な方策になります。

既存接点顧客に対する営業課題

　既存接点顧客に対する課題では、

　④リード情報を組織的に管理できていない
　⑤リード情報に定期的にアプローチできていない
　⑥リード情報からほとんど商談につながらない

などが挙げられます。

営業課題の 9 つの分類　　059

④リード情報を組織的に管理できていない

「リード情報を組織的に管理できていない」場合、素直にリード管理を導入することが望ましいですが、どのような管理をすべきかをしっかりと考えて管理ツールを選定する必要があります。また、管理ツールがあるにも関わらず活用ができていないというケースもあるでしょう。その場合、管理ツールを改めて浸透させるための作戦を練ったり、新たな管理ツールを選定したりする必要があります。いずれにしてもリード管理を進める際、注意していただきたいことは、「目的在りき」だということです。

理想的な状態としては、リード管理ツールを本格的に導入する前に、勝ちパターンができあがっている状態です。例えば、

- ホワイトペーパーダウンロードからセミナー参加を経由した商談化率が測定できており、投資対効果がプラスになることが実証できている
- 展示会来場者のリストをデータ化し、詳細アンケートをメールマガジンで送付してサンプル提供につなげれば成約率が高いことが分かっている

など、勝ちパターンがある程度見えていれば、その勝ちパターンを効率化したり、その勝ちパターンに付加価値を付けられるマーケティングオートメーションツールを導入したりすべきです。どんなことをやりたいのかがはっきりしていれば最適なツールも選びやすくなります。

もしそこまでのパターンができあがっていないとしても、どのような活用を将来

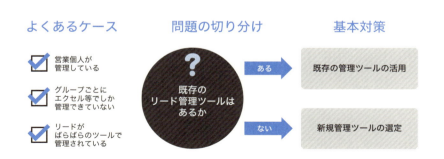

図2-17 「④リード情報を組織的に管理できていない」ケースにおける問題の切り分けと基本対策

想定しているのかを明確化しなければ管理ツールの選定は難しくなります。安易に目的に合致しないツールを入れてしまうと、将来管理ツールを変えたいと思ったときにデータベースを移管しなければならなくなり、それなりの労力やコストがかかります。さらに、管理ツールの切り替え前後ではデータを連続して分析できなくなるなどのデメリットも生じてしまいます。ツール選定をしやすくするためにも、ウェブマーケティング戦略を明確にすることは不可欠です。まだ管理ツールが整っていない場合は思い切って、次の戦略を踏まえたアクションを検討するようお勧めします。

⑤リード情報に定期的にアプローチできていない

「リード情報に定期的にアプローチできていない」場合、せっかく何かしらの管理ツールはあるものの、アプローチするネタに乏しく、リード情報を活用できていない場合が想定されます。過去にメールマガジンを送っていたが、ネタがなくなってきて頻度がだいぶ落ちてしまったケースもあるでしょう。メールマガジンを始めるとき、コンテンツ面をあまり考えずに始めてしまうと、どうしてもネタが枯渇してしまいがちです。最初はよいものの次第にネタが尽き、担当者はネタ探しに奔走することになります。一旦、ネタ作りに困り出すとメールマガジンそのものがどうしてもつまらなくなります。顧客にとってメリットがなくなれば、読者はつきません。配信停止されてしまったり、差出元の情報を見ただけで開封されなくなったりしてしまいます。読者が離れてしまったメールマガジンを復活させるのは至難の業です。

"メールマガジン"と表現するとどうしてもBtoC的な発想に縛られがちです。「頻繁に定期的に送る」「読み手に親近感を与えるために編集長が個人ネタを出す」というのはBtoC的な考え方です。BtoBにとってのメールマガジンの本質は「接点の増加」「親近感の醸成」「効率的な顧客へのアプローチ」といったものではなく、「価値のある情報の提供」です。頻度や形式にこだわって価値のない情報を送っても意味がありません。BtoCと違って毎月購入を検討するような製品でなければ、必ずしも毎月、定期的にメールを送る必要はありません。不定期でも価値のある情報を送るほうがよっぽど効果的です。

また"メールマガジン"だけにこだわる必要もありません。個々の営業からの私信メールを送ってもらい、セミナーや新サービスの資料などを告知することもでき

図 2-18 「⑤リード情報に定期的にアプローチできていない」ケースの問題の切り分けと基本対策

ます。年4回、計画的にそれを実行すれば、メールマガジンを上回る効果がある場合も多々あります。むしろ重点顧客に丁寧な告知ができるようになります。

　リードに対して定期的にアプローチできていないのであれば、メールマガジンという形式にはこだわらずに、顧客にとって有益な情報をどのくらいのペースで作るかをまず考えるべきです。その有益な情報提供のペースや内容に合わせて、情報提供のペースや方法を考える必要があります。

⑥リード情報からほとんど商談につながらない

　リード管理も行っているし、定期的にアプローチも行っているもののほとんど商談につながらないケースでは残念ながら、根本的にリード情報が古い可能性があります。

　以前データベース内のメールアドレスがどのくらい生きているかを調査するプロジェクトがありました。ここで言う"生きている"とは、リード情報として有効かどうか、という意味です。メールマガジンを長く運用していると、どうしても読者の部署異動や転職があるため、実際に届くメールアドレスは減っていきます。メールアドレス自体がなくなってしまった場合は、エラーとして管理できるためどのくらいメールアドレスが減ってしまったかは分かります。しかし、読者として離れてしまった場合、メールは届いているが読んでいないという状況であるためメールアドレスが実際に生きているのか分かりません。そこで、メール単体でクリック率を分析するのではなく、1年間の通算データから年間一度でもクリックした人を集計することで実質的に生きているメールアドレスを推算することにしました。実際に、クリック率が平均5%のメールマガジンを1年間追いかけてデータを累積する

図 2-19 「⑥リード情報からほとんど商談につながらない」ケースの問題の切り分けと基本対策

と、1 年間でクリック経験のある人は 15％程度しかおらず、85％は 1 年のうち一度もクリックしていないことが分かりました。メールマガジンのクリック率 5％と言うと一見、良い数字に見えます。しかし、85％がクリックしない顧客データベースと言うと悪い数字に見えてきます。同様の傾向が認められるとすると、通常のクリック率の 3 倍程度しか反応のある顧客層は居らず、残りは少なくともメールには反応しないリストになってしまっている可能性があります。

　メールマガジンから期待するような反応がないのであれば、現在のリストの質に注目することが大切です。実態として価値のあるリストの数を捉え、もしリストそのものが不足しているのであれば、メールアドレスをフレッシュにするための新規会員獲得の施策が必要です。

　メールへの反応自体が悪くないのであれば、商談化するための営業連携施策が足りないことが想定されます。メールから実際の営業につなぐ営業連携部分でできることを増やすのが基本的な対策です。例えば「セミナー」を開催するのが王道です。ただし、ただセミナーを開くのではなく、メールマガジン会員限定にしたり、人気のセミナーをメールマガジンから先行予約できるようにしたりといった工夫をすることで管理しているリードからアクションが起こりやすい仕掛けを講じます。会員限定で新商品のモニターを募集するなどの方法もあります。

　リード情報から商談につながっていないのであれば、今やっていること、今できることだけでは顧客のアクションにつながっていない現状が明らかです。今できることを中心に検討するのではなく、一歩踏み込んで顧客が望んでいることを計画するようにアプローチを変えなければなりません。

既存顧客に対する営業課題

既存顧客に対する課題では、

⑦ルート営業に手間がかかりすぎている
⑧成約者に定期的なアプローチができていない
⑨成約者からほとんど商談につながらない

がよくあるケースです。

⑦ルート営業に手間がかかりすぎている

既存顧客については、むしろルート営業が主軸になっている企業も多いでしょう。それだけに企業によってはルート営業の効率化はうまく行けば高い効果が見込める作戦でもあります。既存顧客向けのウェブマーケティングで大切な視点は、すべてウェブサイトが取って代わるというわけではなく、人とウェブをどのように役割分担するかという点です。

- 今、人がやっているところで、仕組み化できるところはないか？
- ウェブやシステムを使うことでより効率的なサポートは実現できないか？
- 既存顧客がよく行うアクションで効率化できるところはないか？

などをチェックすることでルート営業の構造を変えることができないか検討します。

具体的な対策としては、例えば、保守・サポートの連絡や実際の問題解決を人ではなく、ウェブサイト上で FAQ サイトとして公開し、自己解決を促すような仕組みを作ることなどが挙げられます。FAQ サイトのクオリティが高ければ、顧客から相談があった場合に保守内容に合わせた URL を送付すれば効率的に自己解決を促すことができます。まず人に相談されるという点で労力は変わらないかもしれませんが、総合的に見れば手間が減らせ、顧客の満足度も上がるかもしれません。また、在庫確認やメンテナンス商品の発注がルート営業の根幹になっている場合もあるでしょう。その場合は EC サイトで在庫状況や発送、到着までの時間を分かるよ

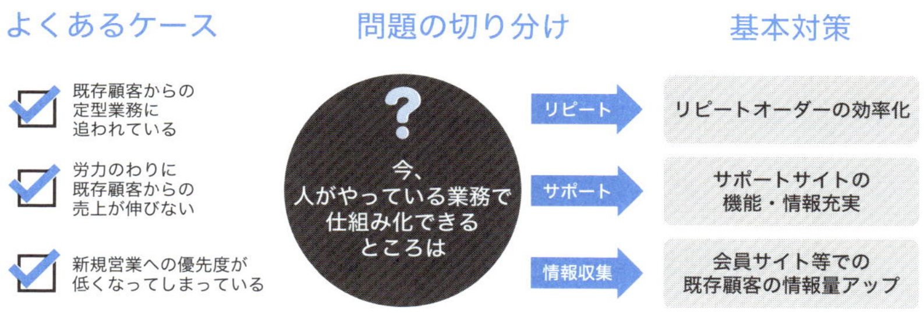

よくあるケース　　　**問題の切り分け**　　　**基本対策**

既存顧客からの
定型業務に
追われている

労力のわりに
既存顧客からの
売上が伸びない

新規営業への優先度が
低くなってしまっている

？
今、
人がやっている業務で
仕組み化できる
ところは

リピート → リピートオーダーの効率化

サポート → サポートサイトの
機能・情報充実

情報収集 → 会員サイト等での
既存顧客の情報量アップ

図 2-20 「⑦ルート営業に手間がかかりすぎている」ケースの問題の切り分けと基本対策

うにすることで人が介在する以上のメリットを提供できる可能性もあります。

　一方、顧客側ではなく企業側の視点に立てば、定期的に客先を訪問して顧客の情報収集を行いたいといった場合も考えられるでしょう。そのような場合でも、顧客が自らサイトに訪問する仕組を作ることができれば、欲しい情報が自ら舞い込んでくる仕組みができるかもしれません。例えば、人事採用支援事業のサイトであれば「募集要項事例集」や「募集要項を作るためのチェックシート」をダウンロードできるようにしておけば、ダウンロードのアクションがそのまま顧客の採用活動スタートのヒントになります。情報収集として行っていたルート営業を省力化することができ、後の提案アクションに注力することができます。

　ルート営業に手間がかかりすぎているという課題認識がある場合、まずはルート営業として行っている業務項目をリストアップし、ウェブサイトと役割分担ができる部分を探すことが基本方針となります。

⑧成約者に定期的なアプローチができていない

　新規顧客を追いかける文化の営業組織の場合、受注後の次の動きは顧客側からアクションがあれば行うという体制になっている企業も多いでしょう。組織的に成約者に定期的なアプローチができていない場合、営業個々の判断に任せきりになりがちです。営業担当と顧客との関係性が決して良くなかったり、営業担当がオーバーワーク気味で対応が手薄になってしまったりする場合、営業チャンスをロスしている可能性もあります。

　成約情報は既存接点よりも強い情報をたくさん持っているため、決算時期、予算獲得時期、前回受注時の受注規模、受注内容の評価や成果なども分かるはずです。

営業課題の９つの分類　　**065**

図 2-21　「⑧成約者に定期的にアプローチできていない」ケースの問題の切り分けと基本対策

BANT情報のうち、かなり重要な情報がある状態で勝負できます。クロスセル、アップセルが十分に見込まれる商材であれば、これらの情報を使わない手はありません。

ただし、アプローチしたくても何もネタがなくては営業がメールしたり、電話したりするのも不自然です。ウェブマーケティングとして後押しできることは、既存接点同様、魅力的なコンテンツを生み出し、営業がアプローチしやすくすることです。例えば、顧客も知りたいようなホワイトペーパーがあり、営業が持参して説明してくれるとなればアポイントが取りやすくなるかもしれません。セミナーに既存顧客向けの招待枠を設ければ会うきっかけが作るかもしれません。成約者をきちんと分析し、年間計画を立て、例えば年3回はコンタクトを取りたいのであれば、年3回に絞り込んで強いコンテンツを作るというようにコンテンツやウェブサイト側と足並みを揃えて活動することが課題解決の足掛かりになるでしょう。

成約者の中にもいろいろな顧客が居るはずです。まずは少額で試して、大きな商談ができるか試すようなケースもあります。そのような場合、下流工程から入って、上流を狙うケースなので、要求される営業活動も変化しているかもしれません。せっかくのチャンスを見落とさないように組織的なアプローチが肝心です。

⑨成約者からほとんど商談につながらない

本来リピートするはずなのに、既存顧客から再度商談につながらない場合、残念ながら製品・サービス自体の満足度が低い場合も考えられます。この場合はなかなかウェブサイトにできることが少なく、納品後の顧客満足度調査を取って、営業担当からは聞きにくい顧客の声を製品・サービスに活かすなどの対策が考えられます。

一方、製品・サービスの満足度は一定程度あるものの、サポート満足度が低かっ

図 2-22 「⑨成約者からほとんど商談につながらない」ケースの問題の切り分けと基本対策

たり、営業からのアプローチが皆無であったりする場合にはウェブサイトも貢献できる余地が広がります。その場合、ウェブサイトを使うことによって「既存顧客にまったく新しい価値を提供できないか」という視点が重要です。新しい価値は以下のように、「情報提供面」「機能面」に分けて考えると、整理がしやすくなります。

＜情報提供面＞
- 業務上利用する資料やフォーマット
- 他社の平均など貴重なデータ
- 新商品や新サービス
- 新事例や新ノウハウ
- 法改正や海外動向など環境変化の解説

＜機能面＞
- 在庫確認
- 動画による研修機能
- チェックツール
- アラート機能
- チャット機能

「情報提供面」「機能面」などから既存顧客向けのサポートサイトを構築し、顧客から支持をされれば、無理に定期的にこちらからアプローチせずとも、顧客自ら定期的にサイトを訪れてくれる仕組みになり、おのずとデータも溜まっていくようになります。既存顧客へのウェブマーケティングの可能性をあまり考慮したことがなかった方は、既存顧客向けのサイトから自社の営業活動にインパクトを与える可能

営業課題の9つの分類　　067

性にも、ぜひ目を向けていただきたいと思います。

営業課題に優先度を付ける

　ここまで営業課題にはどんなパターンがあるか、そのパターンごとにどんな解決方針があるかを説明してきました。ウェブマーケティングに悩んでいる方にヒアリングを行うと「すべて課題です」とおっしゃる方もいらっしゃいます。実際にそのように感じていらっしゃるのだと思います。しかし、すべてが課題だと感じていたとしても優先順位を付けることが非常に重要です。いざ対策を行おうと思った場合、予算も人も有限です。すべてが課題だとしても、順位を付け、どこから手を付けるべきかのコンセンサスを社内で形成する必要があります。

　そこで営業課題に優先順位を付けるためのシートを用意しました。営業課題ごとに、「重要度」「解決可能性」の2つの評価軸があります。

　重要度については、5点満点評価でより重要だと思うものに5点を付ける仕組みです。あまり5点が多くなるようであれば、「5点を付けてよいものは2つまで」など制限を設けることで、点数の偏りを防ぐことができます。解決可能性についても5点満点評価ができるようになっています。先の営業課題別の解決方針を見て、実際に自社でも解決の可能性がありそうだ、と思う度合いを評価していきます。2つの尺度についてそれぞれ5点満点の点数を付けることで、総計10点満点で総合評価し、合算したスコアが高いほうが優先度も高くなる仕組みです。

　マーケティング視点、営業視点では課題認識そのものが異なることもよくあります。管理職か実際の営業担当かでも視点が変わってくるでしょう。関連する部署に該当のシートを入力してもらい、平均点から合意形成するような使い方もできます。優先順位を関係部署と共有し、共通認識とすることは非常に重要です。営業課題を認識し、すり合わせ、まず手を付けるべき方策は何か。いきなりウェブサイトをリニューアルしたり、マーケティングオートメーションツールを導入したりするのではなく、ぜひ本当に自社が抱えている課題に目を向け、解決することを志向していただきたいと思います。

顧客分類	営業課題	重要度						解決可能性						点数
新規顧客	①新しいリードが不足している	0	1	2	3	4	5 高い	0	1	2	3	4	5 高い	
	②有力なリードが得られていない	0	1	2	3	4	5 高い	0	1	2	3	4	5 高い	
	③商談後の成約率が低い	0	1	2	3	4	5 高い	0	1	2	3	4	5 高い	
既存接点顧客	④リード情報を組織的に管理できていない	0	1	2	3	4	5 高い	0	1	2	3	4	5 高い	
	⑤リード情報に定期的にアプローチできていない	0	1	2	3	4	5 高い	0	1	2	3	4	5 高い	
	⑥リード情報からほとんど商談につながらない	0	1	2	3	4	5 高い	0	1	2	3	4	5 高い	
既存顧客	⑦ルート営業に手間がかかりすぎている	0	1	2	3	4	5 高い	0	1	2	3	4	5 高い	
	⑧成約者に定期的にアプローチできていない	0	1	2	3	4	5 高い	0	1	2	3	4	5 高い	
	⑨成約者からほとんど商談につながらない	0	1	2	3	4	5 高い	0	1	2	3	4	5 高い	

図 2-23　営業課題優先度判別シート

2-5　営業プロセスの 10 のステップ

　ここまで営業課題やウェブマーケティングに関するキーワードがたくさん出てきました。ここでもう一度、営業プロセスの観点から整理をしておきたいと思います。営業プロセスは一見、営業活動のウェイトが高く見えますが、仕組み化できる部分はウェブマーケティングに任せるという視点で見ることでマーケティング活動の領域も同時に見えてきます。自社の営業の流れがどのように進んでいるのかを可視化することで、抱えている課題や不足要素が見えやすくなり、課題解決の糸口をつかむことができます。

　情報として確認しなければならない内容は下記の 10 点です（個別の手法の設計方法については Chapter3 で詳しく紹介します）。

営業プロセスの 10 のステップ　　069

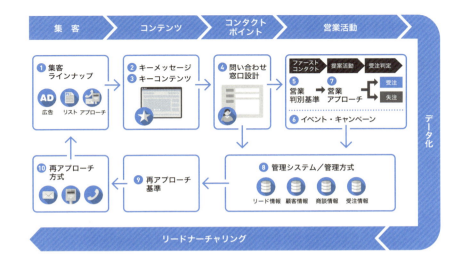

図2-24 営業プロセスの10のステップ

①集客ラインナップ　⑥イベント・キャンペーン
②キーメッセージ　　⑦営業アプローチ
③キーコンテンツ　　⑧管理システム／管理方式
④問い合わせ窓口設計　⑨再アプローチ基準
⑤営業判別基準　　　⑩再アプローチ方式

　まずは現状を知ることが大切です。今、行っている営業プロセスについて順を追って確認していき、営業活動とマーケティング活動の総体としてどのような全体像になっているかを俯瞰できるようにする必要があります。

①集客ラインナップ

　集客を整理するときに、リストとアプローチに分けて考えると整理がしやすくなります。例えば、リスティング広告は「リスト」と「アプローチ」がセットになった集客方法です。検索エンジンの検索や広告ネットワークをリストとして、テキスト広告や画像広告でアプローチします。リストには直接アクションを取れないため、再利用できるようにしたいのならばアドレスを残してもらう仕掛けが必要です。リ

スト化できたものは鮮度が落ちない限り自社の資産になります。中長期的な計画を立てるのであれば、自社リスト化を狙った作戦が必要です。

一方、名刺情報は「リスト」のみの情報です。名刺というリストに対して、どのようなアプローチができるのかは分けて考える必要があります。過去の名刺からの商談化率が良くなかったとしても、アプローチ方法次第では今までになかった作戦を打つことができます。

現状を可視化する手順としては、

- ●「リスト」として保持しているもの
- ●各「リスト」に対して行っている「アプローチ」
- ●「リスト」と「アプローチ」が一体になった集客できる手段

を整理する必要があります。図 2-25 のようなチェックリストで確認してみるとよいでしょう。

これらのリストを参考にしながら、どのようなアプローチをしているかピックアップしていくとプロモーション資産の棚卸ができます。もしかすると、リスト化

＜ウェブ集客＞
- ☐ SEO対策
- ☐ リスティング広告
- ☐ リマーケティング広告
- ☐ 媒体広告
- ☐ プレスリリース
- ☐ グループサイト、グループイントラ
- ☐ メルマガ、グループメルマガ
- ☐ 寄稿
- ☐ ソーシャルメディア活用
- ☐ その他、ウェブサイトとの提携

＜ウェブ以外の集客＞
- ☐ 専門誌広告
- ☐ 記事広告
- ☐ リスト型ダイレクトメール配信
- ☐ 展示会

―ウェブ以外の集客でできること―

＜リストのみ＞
- ☐ リスト購入
- ☐ 名刺情報
- ☐ ウェブサイト調査
- ☐ 既存顧客
- ☐ 会員
- ☐ 専門サイト
- ☐ 企業内・グループ内の顧客リスト
- ☐ パートナー企業の顧客リスト

＜アプローチ方法＞
- ☐ 私信メール
- ☐ メルマガ
- ☐ ダイレクトメール
- ☐ 電話
- ☐ 訪問

図 2-25　集客ラインナップのチェック項目

営業プロセスの 10 のステップ　　071

はできているがアプローチできていないものがあったり、リストはあるけれどもデジタル化されておらず活用できていないものがあったりするかもしれません。あるいは、「特定のリストにメールでセミナー案内を送る」という決まったパターンしか実施してこなかったものに、新しい活用方法を見出せるかもしれません。まずは現状で行っている集客施策の全体を見渡し、すべてを網羅できるようリストアップすることが大切です。

②キーメッセージ

キーメッセージとは顧客がウェブサイトに来たときに真っ先に伝えるメッセージのことです。特にウェブサイトは一瞬で判断されやすい媒体であるため、コンパクトに伝えることが重要です。あいまいな表現や解説を読まなければ分からないような専門用語はウェブサイトのキーメッセージには向いていません。

ウェブサイトやウェブマーケティングの戦略がある程度固まっていれば、狙ったメッセージを意図的に配置できていることでしょう。まだ、キーとして伝えるメッセージが定まっていない状態であれば、ウェブサイトのトップページや製品サイトのトップページからメッセージが伝わっているか、しっかりと振り返る必要があります。伝えるべきメッセージを振り返り、もし魅力的なメッセージが伝わっていないのであればコピーの見直しが必要になってきます。さらには広告コピー、コンテンツ、問い合わせ窓口やダウンロード資料、後の営業活動に至るまで一貫した文脈でメッセージが伝わることが理想的です。

③キーコンテンツ

キーコンテンツとは顧客になってもらうために絶対に見てもらいたいコンテンツのことです。例えば、有力な事例であったり、コストダウンのためのノウハウであったり、20年間の累計実績であったり、問い合わせ獲得や受注に向けて絶対に顧客に見てもらいたいコンテンツを指します。キーコンテンツは何かをはっきりとさせることで、ウェブサイトのどこに配置すべきか、広告からの誘導をどのように行うべきかなど設計上も迷いがなくなります。

キーコンテンツがまだ定まっておらず明確なアピールができていない場合は、

072　Chapter2　【戦略編】自社のあるべきモデルを考える

トップ営業マンの口説き文句が参考になります。トップ営業マンは顧客の反応が良い情報、反応が良いメッセージをよく知っているはずです。トップ営業マンがどんな手順や作戦でコンテンツを見せているのかを明らかにし、研究し、具体的なコンテンツに落とし込んでいくことでキーコンテンツもはっきりとしてきます。

BtoB分野ではコンテンツを生み出すことそのものが決して容易なことではありません。そのためコンテンツは計画上作りやすいものに流れやすく、「顧客視点から見て魅力的か」というもっとも大切な視点が抜け落ちてしまいがちです。自社のコンテンツを今一度見直し、きちんとターゲットに響くコンテンツになっているか？ トップ営業マンも使いたいと思うような魅力的なコンテンツを提供できているか？ を確認する必要があります。

④問い合わせ窓口設計

コンテンツが軽視されやすいのと同様に問い合わせ窓口もシステム設定の煩わしさやコストダウンを要因として後回しにされてしまいがちです。しかしながら、問い合わせ窓口は「その企業がどんなことを受け付けてくれるのか」を顧客に宣言する場でもあり、リード獲得において非常に重要な切り口となります。

問い合わせ窓口には、どんなターゲットを狙いたいのか、ターゲットに対して企業側がどんなことをしてくれるのかが集約されます。総合お問い合わせフォームが1つ置いてあるだけでは、さまざまなお問い合わせに対応できることがなかなか伝わりません。顧客が受けるイメージとしても、いろいろなことを受け付けてくれる会社だという印象にはなりません。逆に問い合わせの窓口がきちんとラインナップされていると企業の印象は大きく変わります。問い合わせ窓口がラインナップされている例として、すぐに試したい人には「サンプル提供」があり、金額を知りたい人には「価格問い合わせ」があり、導入実績を知りたい人には「実績資料ダウンロード」があれば、いろいろなことをしてくれる企業だ、いろいろなことができるサイトだ、というイメージになります。

先に紹介したとおり、ターゲットとなる顧客は意思決定の状態によって悩み事の質が変わります。そのため1つのキーとなる問い合わせフォームを置くよりも、問い合わせのラインナップを揃え、どんな状態の顧客が来ても問い合わせしやすい窓口を設計することが大切です。自分が顧客視点になったときに、どんなものがあ

営業プロセスの10のステップ　073

れば問い合わせしやすいかイメージしながら、改めて自社サイトの問い合わせ窓口をチェックしてみるとよいでしょう。

⑤営業判断基準

営業部門に引き渡されるリードは何かしらの判断基準で次の営業プロセスに進むはずです。まずは、どのような判断基準で、営業の担当分けや優先順位付けをしているのかを明確にする必要があります。判断方法としては、

- ●営業責任者／担当者が個別に判断
- ●エリアやテーマで自動的に判断
- ●重要度に点数を付けスコアリングから判断

などが一般的な方法です。まずウェブマーケティングとしてできることは、問い合わせ窓口を分化して顧客の目的や検討段階をはっきりさせる、事前情報をなるべく増やし意思決定をしやすくすることです。どのような情報が増えれば、営業部門での判断がしやすくなるのかということに十分配慮しながら問い合わせ窓口や設問を考える必要があります。あるいは、ウェブから新たにどんなデータを取得することができれば、今までできなかったような判断ができるようになるのか、という視点で営業判断基準を見直すことが大切です。

営業情報が増えて判別がしやすくなるということは、見込み度合いが高いものを判断できると同時に、見込み度合いが低いものも見えてきます。見込み度合いが低いものについては、営業労力をなるべくかけない工夫も大切です。営業労力の省力化についてもウェブマーケティングが活躍できる分野です。

例えば、

- ●マーケティング部門からの一括メールで判別
- ●会員サイト内に取り込み顧客側からのアクションを待つ

などの方法です。

ウェブマーケティング以外でも

074 Chapter2 【戦略編】自社のあるべきモデルを考える

- ●サポート部門からテレセールス／アウトバウンドを挟んで判断
- ●営業支援部門から資料送付のみ行って判断

など、一括対応により営業の労力を軽減できる可能性があります。

　営業判断基準は、人が動く部分を決める重要な判断です。新しい営業モデルを志向するならば、計画上軽視してはいけないプロセスになります。まずは、今の営業判断がどのように行われているのかを明らかにし、ウェブマーケティングが貢献できる余地を探すことが大切です。

⑥イベント・キャンペーン

　リストに効果的にアプローチするためにはイベントやキャンペーンといったネタが大切です。より魅力的なネタを用意することができれば、再訪問や再商談の可能性も広がります。

　イベントとしてはセミナーを開催し、同時に個別に相談会を行う形式が王道です。セミナーとしてその業界でのノウハウやメソッドを解説することで課題が不明確な人にも指針を示し、相談会で課題が明確な人には具体的な解決方法を提示すること

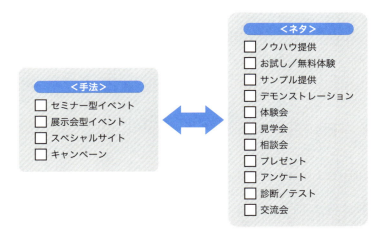

図 2-26　イベント／キャンペーンのチェック項目

ができます。

イベントというとリアルのものを想定してしまいがちですが、ウェブサイトも活用できます。例えば、一般公開していない「スペシャルサイト」上で悩み事の無料診断や製品のデモンストレーションを展開し、絞り込んだ顧客のみに「メール」で告知するなどの方法です。リアルイベントは会場を人で埋めなければいけないとか、場所や時間帯によって来やすい人が限定されるなどのデメリットがありますが、ウェブサイト上では気にする必要がありません。今、どのようなネタを提供できているのかを今一度洗い出し、より効果的なアプローチができるようにウェブサイトも含めて検討する必要があります。図2-26のチェックリストで基本となるアプローチが確認できます。

⑦営業アプローチ

営業アプローチは、営業担当がリードに対して、どのようなファーストコンタクトを行い、訪問時はどのような資料や提案書を使ってアプローチをしているかという方法やルールのことです。特にウェブマーケティングと関連するところでは、営業活動の中でコンテンツがどのように活用されているかが重要なチェックポイントです。

BtoBのウェブサイトでは残念ながらコンテンツを作ることそのものが難しく、コンテンツが使い回されてしまう傾向があります。例えば、ウェブサイトのコンテンツが何から作られているのかを考えたとき、カタログやパンフレット、定型の提案書がベースに使われていることが多々あります。顧客からすれば、カタログやパンフレットベースでできたウェブサイトで関心を持って問い合わせをしたとすれば、商談時カタログやパンフレット以上の情報を求めるはずです。もし、営業活動でも同じカタログやパンフレットをメインとして使っている場合、重複した情報で営業活動をすることになってしまいます。まったく同じコンテンツを使い回して営業活動をするのでは魅力的な営業活動とは言えません。むしろ営業が弱い会社だと思われかねません。

つまり、ウェブサイトのコンテンツを検討するうえでは、営業上どんなアプローチをしているかまで考えを巡らせなければ、顧客に素晴らしい営業体験を提供できないということです。営業のアプローチ方法までを踏まえたウェブマーケティング

の計画が必要です。もし、ウェブサイトと営業アプローチがかなりのウェイトで重複してしまっているのであれば、まずはコンテンツの重複を防ぐことが第一歩です。

重複を防ぐためには、

- 営業専用にコンテンツを作る
- 営業専用の交渉領域を作る

といった工夫が必要になります。

営業専用のコンテンツとは、例えば、ウェブサイト上で公開していない事例やホワイトペーパーなどのことです。もし今からウェブサイト用にコンテンツを作るのであれば、

- ウェブサイト公開用のホワイトペーパーとは別に、業種別のホワイトペーパーを作り営業のみの手持ち資料とする
- 事例シートを作るときに、ウェブサイトに掲載しきれなかった情報や実際の提案資料も含まれる詳細資料を添付した営業持参用事例を作成し、現場説明をより説得力のあるものにする

など、ウェブよりも営業が持っている情報がより深いような設計にすることができます。営業専用の交渉領域を作るとは、例えば、

- 通常は来社しないと体験できないデモンストレーションを営業が特別に判断した場合のみ先方企業に出向いて行う
- 通常 2 週間のテスト利用を 1 か月に延長できる
- ウェブサイトでの定価から初期費用分を割引できる

など、ウェブサイト上では得られないメリットを営業と会ったときのみ得られるようにすることです。人が介在するからこそできる価値を十分に出せるように留意します。ウェブサイトで抱いた期待を営業が応える構造にできれば、仕組みとして素晴らしい営業アプローチができあがります。

営業プロセスの 10 のステップ　077

⑧管理システム／管理方式

　管理システム／管理方式とは、ウェブサイトを含めた数々のリード情報がどんなシステムで、どのように管理しているかということです。もし複数のシステムで顧客情報が管理されている場合、それらがどのように紐付いているのか、あるいは連携は取れていないのかを探ることも大切です。

　管理システムとしては、

- 顧客データベースシステム／ CRM システム
- メール配信システム
- マーケティングオートメーションシステム
- SFA
- 基幹システム（主に請求業務や顧客リスト管理）

などが代表格です。それぞれに個々の目的を持ったデータベースであるため、必ずしも連携や共有がしやすいとは限りません。しっかりと現状の構造をはっきりとさせていくことが大切です。活用の可能性を検討するためには、「管理目的」「インプットルール」「格納データ項目」「アプローチ制限（パーミッションのレベル）」「保有数」の 5 点を確認する必要があります。今ある管理システムのそれぞれの役割を明確にし、連携できるところ、できないところを明確にしていきます。それぞれの管理システムにどのようなデータが格納されているのかが分かれば活用方法も見えてきます。マーケティングプランを練り上げていく際に、今のままのシステムを活用するのか、新しい機能や連携、まったく新しいシステムが必要かを検討するのに欠かせない情報となります。

　もし、これからシステム化を行うという場合は、管理システムありきではなく、実行したいマーケティングプランに合わせてシステムを選ぶことをお勧めします。ここ数年でウェブマーケティングを取り巻くシステムはどんどん高度化してきました。やりたい理想像がしっかりと計画できていれば、実現できる環境がどんどん整ってきています。単に実績のあるシステムではなく、自分たちが実現したい仕組みを実現できるシステムを選ぶことが大切です。

⑨再アプローチ基準

　既に接点のある顧客や既存顧客について、どのようなルールで再アプローチを行っているのかを明らかにしていきます。明文化されたルールがない場合でも、過去の経験上、どのタイミングで、どんな方法で再アプローチをしたことがあるのかを調査することで過去の傾向が見えてきます。

　再アプローチ基準の例としては、以下のようなものがあります。

- 営業が個々に担当企業ごとのタイミングを計っている
- 時期で決めている、期間で決めている
- 新商品などで偶発的に再アプローチが起きる
- 顧客から新たな問い合わせがない限り、再アプローチしていない
- 資料ダウンロードなど問い合わせ前の顧客の動きを捕捉するトリガーが仕掛けられている

　特に、定期的・定型的に行っているアクションはウェブマーケティングが得意な場面です。例えば、メールマガジンや私信メールを駆使して、決まった時期に一括で対応することができます。会員サイトに有益な情報を常に掲載しておくことで、顧客自らアクションを起こしやすい仕組みを作ることもできます。再アプローチ基準において、積極的に肩代わりできる部分があればウェブマーケティングがそれを請負い、より人が動くべき部分に限られた営業労力を割くのが理想的な姿です。

　もし今、再アプローチ基準が明確に存在しないのであれば、営業個々が判断をして再アプローチできていない顧客がいるかもしれません。今、再アプローチができていないということは、

- 個々の営業判断に任され一定の施策を打てていない
- 組織全体として営業優先度が低く対策が検討されていない

などのケースが考えられます。結果として、顧客からの積極的なアクションがなければ再アプローチをしていない場合があります。ウェブマーケティングの仕組みを

営業プロセスの 10 のステップ　　079

考え直す際、盲点になりやすい視点です。

⑩再アプローチ方式

　再アプローチ方式とは、各再アプローチ基準に対してどのようなアプローチ方法を採っているかということです。既存顧客のリストは十分にあるのに既存顧客からの商談化がうまく行っていない場合は、再アプローチを行う方法について見直せる可能性があるかもしれません。

　実施できることは基本的に⑥イベント・キャンペーンで確認した内容と同じになります。ただし、再アプローチのメリットは、新規顧客に比べて過去のデータが多いということです。既存接点顧客であれば、商談履歴から過去どんな課題を持っていたのか、どのくらいの予算規模で検討していたのかが分かります。既存顧客であれば受注履歴から、どんなサービス提供を行い、どのくらい成果を出すことができたのかも振り返ることができます。情報が多いということは、個々の顧客の事情に、より踏み込んだアプローチが理想的です。そうなると、できれば一括配信のメールマガジンではなく、個々の事情に合わせた私信メールを送ったり、電話で直接コンタクトを取ったりすることが期待されます。重点顧客に対して商談率や成功率を重視するのであれば、アプローチの時点から特別化することが大切です。

　さらに、アプローチだけでなく、初めての顧客にはできないような特別感や個別感を演出することも大切です。例えば、

- ●イベントに特別枠を設ける
- ●キャンペーンの期間や金額の幅に差を付ける
- ●先行予約を可能にする

など、既存顧客だけが得られるメリットを設けることができます。もし自分がセミナーの案内をされるとすれば、一括メルマガで案内が来るよりも、「新イベントを開催するのですが、お取引のあるお客さまの特別枠があるので、いかがですか？」と担当営業からのメールで案内されたほうが、具体的に参加を検討することは実感できるはずです。

　再アプローチ基準と併せて、再アプローチをどのように行っているか？　を明確

にし、うまく運用できていないのであれば、ウェブマーケティングの力を借りたテコ入れが検討できるはずです。

営業プロセス可視化シート

　営業プロセスの一連の流れを、順を追って整理しました。自社の状況を確認し、営業プロセス可視化シートにきちんと埋めることができれば、戦略を練る大元の地図となります。営業プロセスをきちんと図式化することには3つの意味で重要な要素があります。

　1つ目は、組織として担当が決められていない部分が明確になるということです。営業プロセスシートを埋めたいが埋まらない、分からないといった部分は対応そのものができていない場合があります。組織の谷間などが原因でカバーできていない領域を明確にすることができるかもしれません。未着手の課題を発見し、ウェブマーケティングが活躍できそうな部分を探る足掛かりになります。

　2つ目は、自分が担当していない領域についてもどんなことが行われているのかイメージできるようになることです。マーケティングと営業の役割がはっきりと分かれている場合、互いのアクションが認識できていないケースが多々あります。組

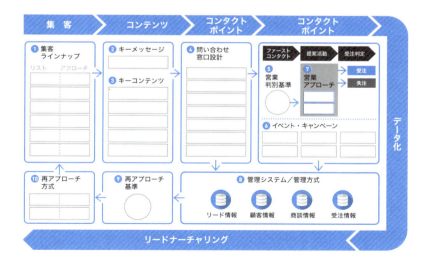

2-27　営業プロセス可視化シート

織が大きくなればなるほど、役割分担が機能的になされることで、他の部門がどんなことをしているのか理解しにくくなってしまいます。

例えば、営業から見れば、

- どんな流れで営業にリードが渡ってくるのか？
- 顧客がリードになる過程でどんなコピーやコンテンツを見ているのか？

ウェブ部門から見れば、

- リードは発生した後どんな流れで商談になっているのか？
- ウェブサイト以外のリードの流れはどうなっているのか？

全体を統括する部門から見れば、

- 重複している部分はないか？　非効率になっている部分はないか？
- 未着手な部分はないか？　効率を高められる部分はないか？

など、なんとなく理解していたものをより明確に理解することができます。

3つ目は、同じフォーマットで異なる立場の人が議論できるようになることです。未来の戦略を検討するにあたって、現状の認識をすり合わせていく置くことは非常に大切です。部門により課題の認識や優先度が異なれば、対策への優先度も変わってしまいます。営業プロセスが1枚のシートで可視化されることで、ウェブマーケティングや営業活動を取り巻く、あらゆる部門、階層の人たちにとって、自分たちの立ち位置が分かりやすくなります。議論の土台ができることで、共通のイメージの中で同じフォーマットを見ながら、異なる立場の人たちが議論できるようになります。議論の過程で認識の違いも明らかになります。

新しい計画を立てる前に、まず知ること、整理することが大切です。実際の計画を立てるときは、どのプロセス部分に改善策を打つのか、明確にすることで有意義な議論を誘発します。その土台として、ぜひ営業プロセス可視化シートを活用していただきたいと思います。

2-6 マーケティング戦略のモデル化

　BtoB のウェブマーケティングを推進するうえで、まだ環境が十分に整っていない企業では、まずは今顕在化している営業課題を解決し、営業活動が効果的に推進されるように後押しすることが第一目標となります。目指すべきマーケティング活動、営業活動の不足部分を顕在化させ、解決のための作戦を実行します。しかし、顕在化した営業課題を解決しているだけでは、新しい価値を生み出すことはできません。ウェブマーケティングで一定の成果が出てくると、今ある課題をさらに飛び越えて、新しい営業戦略を志向することが目標となってきます。自分たちが今置かれている現状に合わせて、次にどのステージを目指すべきかの判断が必要です。未来のモデルをイメージしながら具体的な戦略の構想を練ることが大切です。

ウェブサイトと営業組織の 5 つの役割分担モデル

　モデルのイメージをつかみやすくするために、「ウェブマーケティング」と「営業部門」の役割分担を図式化しました（図 2-28）。具体的に課題や問題意識を感じているとすれば、その問題意識が、不足を補うものなのか、新しい価値を生み出すものなのかによって目指すべきイメージ像が変わってきます。さらには、新しい価値を生み出すとしても、どの領域にウェブマーケティングの力を使うのかというイメージを膨らませることが大切です。目指すべき戦略像がまだつかめていない人は、自社の製品・サービスを思い浮かべたとき、どんな新しい形が構築可能かを考慮しながら、図に挙げた 5 つのモデルからウェブマーケティングの現状を見直してみることをお勧めします。

　今あるマーケティング活動、営業活動を大きく変革したいならば、ここで紹介する 5 つの視点からイメージを膨らませると新たな姿がイメージしやすくなります。また、具体的に計画を練り上げていく際も、初めての人に説明がしやすくなります。

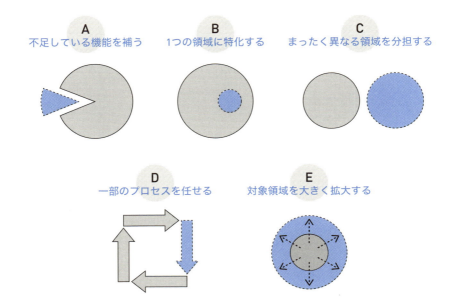

図2-28　ウェブサイトと営業組織の5つの役割分担モデル

A 不足している機能を補う

　目指すべき円に対して、不足している部分のパーツをウェブマーケティングで補うイメージです。営業課題を解決するということは、ある程度顕在化された課題に対して解決策を講じます。例えば、新規営業のリードが不足しているならば、その部分を補うためにウェブサイトやウェブ広告を使います。接点のある顧客へのフォローができていないならば、データベース化を進め、メール配信等を使って顧客との関係性を維持するアクションを取るといった形です。よくある営業課題に対する基本対策を参考にしながら、現状を分析し、顕在化された課題について対策を打つ、もっともオーソドックスな戦略の形と言ってよいでしょう。すべての企業がまず目指すべき形です（次節にて基本戦略として解説します）。

B 1つの領域に特化する

　今対象としている円の中から、絞った領域に対してウェブマーケティングを活用して特化した対策を行うイメージです。ターゲットを分類したり、分析したりして

いくと、狙うべきターゲットにまんべんなく労力をかけるよりも、特化した対象に注力をしたほうがよいという仮説になることがあります。しかしながら、現状の営業組織のままでは急に舵を切れず、実行計画が立てられない場合もあります。そんなときは、特定のターゲットについてはウェブマーケティングに完全に任せ、既存の営業組織との役割分担を行うのが「1つの領域に特化する」イメージです。ウェブマーケティングとしても特定のターゲットに絞り込むことで、コピーやコンテンツがより特化した形となり、製品やサービスのメリットを鮮明に打ち出せるというメリットがあります。

　ウェブマーケティングで1つの領域を深く掘り下げることで、新しい形を描くことができないか、既存の営業組織だけでは実現できなかった価値を提供できる可能性がないか、という視点でマーケティング戦略を見直します（2-8節「①ターゲット特化型戦略」として解説します）。

C まったく異なる領域を分担する

　今営業組織が対象としている領域を円として、その円に対して、まったく異なる円を描くイメージです。営業組織としてかけられる人の労力は有限です。人が介在した営業であれば、場所も限られます。すると、営業組織の都合上、どうしても対象にできない領域は発生します。分かりやすい例で言えば、エリアがそうです。首都圏に営業チームが集中している場合、どうしても地方都市への営業体制が組みにくくなります。その場合、人は効率性を重視して首都圏に、地方はウェブマーケティングに任せ、なるべくオンラインで営業を完結させるといった方法を採るのが「まったく異なる領域を分担する」イメージです。

　ウェブマーケティングがまったく異なる領域を分担することを考えるとき、捨てがたいが第二優先的になっているターゲットが狙い目です。労力を最適化するために、最重点顧客を人が担当し、優先順位は決して低くはないが、人を割くには躊躇するようなターゲットをウェブマーケティングに任せます。あるいは、製品・サービス特性から商談規模が小さく、人が介在するほど営業コストをかけられない場合も狙い目です。ターゲットの母数が大きく、個々に対応するには少額すぎるものはむしろウェブマーケティングが得意とする分野です（2-8節「②ターゲット分化型戦略」として解説します）。

マーケティング戦略のモデル化　　085

D 一部のプロセスを任せる

　一連の営業プロセスの中で、一部をウェブマーケティングに完全に任せ、人とウェブの担当領域を明確に切り分けるイメージです。営業組織は人でやるべきところに注力し、互いの得意分野をより鮮明にしていきます。

　例えば、

- ●「新規獲得部分」を完全にウェブマーケティングに任せる
- ●「既存接点部分」を完全にウェブマーケティングに任せる
- ●「既存顧客部分」を完全にウェブマーケティングに任せる

など、営業プロセスの中でうまく行っていない部分や対処できていない部分をすべてウェブマーケティングに任せます。ただし、単純に人がやっていたことをウェブサイトやメールを使って肩代わりするだけでは、新たな戦略とは言えません。

　今までできなかったこと、例えば、「24時間オーダーを可能にする」「オンラインセミナーが受け放題」「業務上必要なフォーマットがすべて揃う」など突出した付加価値を付ける必要があります。顧客が積極的にそのプロセスに乗りたいと思うほど魅力的なコンテンツや機能がなければ仕組みを変えることはできません。

　1つのプロセスを完全にウェブマーケティングに任せるということは、決して簡単なことではありません。しかしながら、実現できたとき、ちょっとしたウェブサイトの改善では得られないメリットを享受でき、将来重要な経営資源になるはずです（2-8節「③営業プロセス分化型戦略」「④ショップ／ダイレクトオーダー型戦略」として解説します）。

E 対象領域を大きく拡大する

　今の対象領域をウェブマーケティングによって大きく拡大するイメージです。既存の営業リストや営業組織ではたどり着くことのできない領域へとウェブマーケティングの力を使ってアプローチできる幅を広げます。

- ●今までつかめなかった商談になる前の顧客を早い段階からつかむ
- ●今まで紹介してもらうことができなかった顧客社内での人脈を広げる

●今まで追えなかったエンドユーザーをつかむ

など、今まで人の力だけではまったくアプローチすることができなかった領域に
ウェブマーケティングの力を使って挑みます。近年では、有益なコンテンツを提供
することによって、顧客をつかんだり、商談化を進めたりするマーケティング手法
について「コンテンツマーケティング」という言葉で説明されるようになってきま
した。コンテンツを積極的に供給することで、メーカー自身がメディアになったり、
コミュニティを持ったりと、今まで実現が難しかった戦略を目指すことができるよ
うになっています。ただし、今まで実現できなかった戦略ですから、根気強い対応
が必要です。商談になる前の早い段階の顧客をつかむのであれば、成果が出てくる
タイミングも決して早いわけではなく、粘り強い予算取りも必要です。一朝一夕に
は到達することができないという覚悟を持って選択すべき戦略の方向性だと言って
よいでしょう（2-8 節「⑤メディア／コミュニティ型戦略」として解説します）。

2-7 BtoB のウェブマーケティングの基本戦略

　もう少し具体的にウェブマーケティングの戦略を見ていきたいと思います。
BtoB のウェブマーケティング戦略は一定の成功をしている企業を分析すると、主
に 6 パターンに分類することができますが、ここではまず、すべての BtoB 企業が
目指すべき通過地点となる基本戦略について説明します。

　基本戦略は BtoB 企業がウェブマーケティングを積極的に展開しようとするなら
ばすべての企業が通らなければならない道だと考えてよいでしょう。ウェブサイト
からリード化を行い、リードに再アプローチできる仕組みを構築する、すべての戦
略の下地となる形です。この基本戦略で一定の成功パターンを作ることができれば、
新しい戦略を実行しようと思ったときの基礎ができ、次のより高いハードルを狙う
ことができます。

　近年、BtoB のマーケティング分野に入ってきた言葉で説明をすれば、「リード
ジェネレーション」によりリードを生み出し、「リードナーチャリング」により商
談化を促す仕組みを作る戦略になります。

- ●「リードジェネレーション」……リード獲得を生み出すためのマーケティング／営業手法。
- ●「リードナーチャリング」……獲得したリードにアプローチし、リードから商談を呼び込むためのマーケティング／営業手法。

　リードジェネレーションとリードナーチャリングは車の両輪です。リードが一定量供給されなければ、リードへのアプローチも費用対効果が高いものにはなりません。リードだけがたくさんあっても、一括でアプローチできる方法が確立できていなければ場当たり的な営業対応になりがちで、こちらも費用対効果が高いものになりません。どちらが欠けても、効率が悪くなったり、散発的な動きになってしまったりと無駄ができてしまいます。

　そのため、基本戦略を実現するには「何か1つ」を強化するのではなく、「やらなければならないこと」の足並みを揃える必要があります。リードを獲得できる仕組み、リードを溜める仕組みは同時に整える必要があります。さらには、リード獲得やリード管理に至るための準備に必要な要素も同時に揃えていく必要があります。

　特に、これからウェブマーケティングを始めよう！　という方には、いきなり一足飛びに真新しい戦略を目指すことはお勧めしません。一足飛びに新しいウェブマーケティングのモデルを目指そうとすると、

- ●関連部門説得で苦戦する
- ●コンテンツの準備が想定通りいかない
- ●社内人材にノウハウがなく準備で躓きやすい
- ●営業組織との連携に慣れや浸透が必要
- ●予算獲得で苦戦する

など、さまざまな軋轢があり、現実的には解消すべき問題が多くなります。相当な権限のある人によるトップダウンでなければ、多くのハードルを越えることができません。

　まずは、現状の到達点を明らかにし、1つずつステージを上がっていくようなア

プローチが必要です。どんなステージがあるのか、ステージごとに何をやらなければならないのかということを示したのが後ほど紹介する「BtoBのウェブマーケティング基本戦略の5つのステージ」（後掲図 2-35）です。また、各ステージで実施すべき要素には「集客」「ウェブサイト」「分析・改善」「コンテンツ」「メールマーケティング」「データベース化」の6つがあり、それぞれで目指すべきラインがあります。そのラインに向けて、順にステップを踏みながら達成していくことになります。

まずはこの6項目を1つずつ見ていきましょう。

①集客要素

図 2-29　集客要素におけるステップ

ステップ1　基本的な集客策の実施

まずやらなければならない集客は、他社もやっている広告・集客策を実施し、狙った誘導数を獲得することです。

- ●SEO対策……狙ったキーワードで1ページ目に入る。
- ●リスティング広告……リスティング広告からクリックを獲得する。
- ●プレスリリース……関連する業界サイトにプレスリリースを配信する。

など、ウェブ集客の基本となる施策を中心に、ウェブ集客のスタート地点となる顧客の流入を増やします。最初に、注視すべき数字は「誘導数」および広告や宣伝がクリックされた率「CTR（Click Through Rate）」です。商談やリード獲得につながった数であるコンバージョン数を目指す前に、まずは誘導数を確保し、誘導率が高い

広告を目指します。

ステップ2　独自の集客策の実施

　次にやらなければならない集客は、自社なりの工夫を凝らした広告・集客策の実施です。

- ●特化した SEO 対策……他社が重視していないキーワードの発見、上位表示。
- ●リマーケティング広告……一度来た顧客への広告。
- ●専門媒体への広告……効果の高い専門媒体とのタイアップ。

など、基本的な集客で行った内容もブラッシュアップさせていく必要があります。加えて、新規集客の課題の基本対策で紹介したように自社のプロモーション資産を棚卸し、独自の集客方法の確立を目指します。このときに注視すべき数字は「集客からのコンバージョン数」です。問い合わせや顧客情報を獲得するという目的にどれだけ貢献できたかが重要な数値となります。誘導数からさらに踏み込んで、アドレス獲得や商談につながる数を重視します。

ステップ3　集客コストの最適化

　広告や集客方法から一定の成果を出せるようになれば、集客方法でよりコストパフォーマンスを追求します。広告コピーやランディングページに A/B テストを行って、より良かった手法を残します。良かったものはよりウェイトを大きくし、全体として最適化を行うステップに入ります。BtoB の場合、BtoC に比べれば集客からの季節変動が大きくないため、一度集客の成功パターンを作ることができれば、長く同じ手法から成果を上げ続けることができます。このとき注視すべき数字は「CPA（Cost Per Acquisition）」です。コストに対する成果を重視し、1 件当たりいくらで獲得できるかを突き詰めていきます。

ステップ4　新規集客手法への継続的テスト

　CPA も効果的に獲得することができるようになれば、新しい広告媒体やソーシャルメディアなど新しい手法へのチャレンジを行います。新しい広告媒体や集客手法にアンテナを張り、積極的に試し、各手法の評価が的確にできていることが大切で

す。リスティング広告のように安定的に成果が出せるものと、プレスリリースのようにヒットすれば大きな成果が得られるものなど、各手法の特性もよく理解できるようになります。

　新規手法を試す理由は、新しい可能性を探るだけでなく既存の手法から費用対効果が落ちるリスクを回避する意味合いもあります。例えば、専門媒体であれば、1つの媒体を使い続けると、その専門媒体が持つほとんどの顧客にリーチしてしまう場合があります。その専門媒体の成長速度を上回るペースで広告を出稿すれば、いずれ同じ顧客ばかりに広告出稿することになり、徐々に費用対効果が落ちます。次第に今までのような費用対効果を維持することができなくなり、そうなったときに困ってからでは後手に回ります。

　代替案となる次の集客施策を、メインの集客方法がうまく行っている段階から実験し続けるのが最後のステップです。注視すべき数字は「新規手法からのコンバージョン数」です。新しい手法を試しても高い確率で成果を上げることができれば、集客を担当する部門の信頼にもつながります。

過去にウェブ広告で失敗した人は振り返ってほしい

　集客は「とりあえず広告を出稿してみよう！」と始めてしまうとうまく行かないケースがあります。ターゲットにアピールすべき内容が揃い、短い文章で伝えられるコピーがあって、ウェブサイトでの有力な問い合わせフォームがあって初めて、広告媒体が持つポテンシャルを引き出すことができます。そのため、一定のコンテンツが揃い、ウェブサイトから一定のリードが取れる状態になってからスタートするのが理想的な姿です。

　もし「過去にリスティング広告をやってみたが、うまく行かなかった」という企業にはぜひ振り返っていただきたいと思います。

- ●魅力的なコピー
- ●魅力的なコンテンツ
- ●魅力的な問い合わせ窓口

を置いたうえで、広告を出稿できていたでしょうか？　もし、狙っているキーワードで複数の他社が継続して広告を出稿しているのであれば、おそらく他社は一定の

BtoBのウェブマーケティングの基本戦略　091

成果を出しているはずです。他社が一定の成果を出しているのに、自社が広告からうまく顧客を誘引できないのはウェブサイト側の準備が足りていない可能性があります。魅力的なウェブサイトを展開できていない状態で、広告を出稿しても広告価値を判断できるほど結果が得られません。コンテンツやコピーが貧弱な状態で出稿した広告を、広告効果がなかったと判断するのは早計です。他の要素との足並みを揃えながら、広告のポテンシャルをしっかりと引き出すことが適切な評価につながります。

②ウェブサイト要素

図2-30　ウェブサイト要素におけるステップ

ステップ1　基本的な情報の提供

　ウェブサイトを作るにあたり、まずは「製品やサービスに関する情報、強みを紹介する」ところから始まります。社内にあるカタログやパンフレット、過去の提案書や定型の提案書などをかき集めてウェブサイト化していきます。顧客の検討のもっとも基本となる"商品力"について説明をし、商品選定に必要な最低限の情報は網羅できるようにします。

　このとき注視すべき数字はページが見られた回数を示す「PV（Page View）数」や訪問した人の延べ人数を表す「セッション数」がどのくらいあるか、ということです。製品／サービス別に分析をし、どのページに人気があるのか、逆に人気がないのかを把握していきます。

ステップ2　魅力的な情報の提供

　次に"商品力"を説明する情報から、もっと踏み込んで"営業力"を強化する情

報を増強していきます。

- **事例**……導入事例やケーススタディ
- **実績**……累積導入実績や業界経験
- **人物**……商品力の源泉となる開発者やコンサルタント
- *ノウハウ*……成功法則や自社なりの方法論
- **データ**……統計データや業界データ

が営業力を強化するコンテンツの代表格です。単に製品が素晴らしいだけでなく「この会社に任せればすごい実績があるから安心そうだ」「業界で有名なあの会社を担当しているから頼んでみたい」など、顧客が問い合わせたいと思うような期待を醸成するコンテンツを提供できていることが重要です。"営業力"が備わったウェブサイトでは必ずコンバージョンが出ます。コンバージョンが出ないということは、魅力的なコンテンツを配置できていないという状況の目安にもなります。そのため、このとき注視すべきデータは、ウェブサイトの「コンバージョン数」です。ウェブサイトに人が来ているのに、有力な問い合わせが発生しないのであれば、ウェブサイトの中身に注目するべきでしょう。

ステップ3　成果率の高いウェブサイト

　コンテンツが揃いコンバージョンが出るようになってくれば、問い合わせフォームにも本格的な工夫を加え、サイトに訪れてくれた顧客に足跡を残してもらえる率を高めることが次のステップになります。ダウンロードフォームで資料をダウンロードできるようにしたり、すぐに値段を知りたい人に見積もり依頼フォームを設けたり、どんな検討段階の顧客が来ても受け皿のあるウェブサイトを目指します。

　このとき注視すべき数字として「コンバージョン率」を評価軸にします。加えて、ウェブサイトに来てすぐに去ってしまった人の率を表す「直帰率」やサイト内を回遊する「回遊率」などを参考にしながら顧客が滞在し、目的を達成してくれるサイトを目指します。

ステップ4　あらゆる目的への目的達成を提供

　製品サイトからコンバージョンをコンスタントに出せるようになると、その企業

内でのウェブサイトの位置付けも重要なものになり、期待も高まってきます。ウェブサイトへの期待が高まれば、要望も多くなり、担うべき目的も多くなってきます。実際に、ウェブサイトの活用が進んでいくと、目的や機能、注力する製品ごとのウェブサイトに分かれていく傾向にあります。このウェブサイトを構造から見直し、各ウェブサイトの役割を最適化するのが次のステップです。コーポレートサイト、製品サイト、サポートサイト、FAQサイトなど、各々の目的を持った人が、その目的を適切なサイト内で効率的に達成できるように計画します。

　このとき注視すべき数字は、「各サイトの目的の達成」、および「達成率」です。

- **営業目的**……コンバージョン数
- **既存顧客向け**……リピート数
- **製品の検索**……検索回数や製品到達数
- **FAQ サイト**……悩みごとの解決率、同様問い合わせの減少

など、各サイトの目的に合致する数字をチェックし、成果を測ります。

ウェブサイトの数字はウェブサイトだけで決まらない

　ウェブサイトを担当する部門側の立場で言えば、ウェブサイトは離脱率が低く、回遊率やコンバージョン率の高い状態になっていることが理想的です。そのため、コンバージョン率が高い状態を維持したいと考えるでしょうが、広告出稿を本格化すると、必ずしも関心が高い層だけがサイトに来るわけではなくなるので数値は悪くなりがちです。広告にも成功／失敗があるので、失敗したときはウェブサイトがうまく行っていないと勘違いしてデータを見てしまう場合があります。

　ウェブサイトはあらゆる集客手法から最後に集まってくる場所なので他の数字の影響を受けてしまう側面があります。それだけに、もし、広告や集客とウェブサイトの部門が分かれているのであれば、お互いの部門が何をやったかを共有することは不可欠です。データの変動に一喜一憂しすぎずに、狙った仮説をきちんと実現できているかを見失わないように作戦を考えることが大切です。

③分析・改善要素

図 2-31　分析・改善要素におけるステップ

ステップ 1　正確な現状把握

　PV 数やセッション数の変動、どのページがよく見られているかなどアクセスログ解析から取得できるデータをしっかりと見ることが初めのステップです。まずは解析できる環境を整え、数字を取れるようにしていき、正確な現状を把握することが重要となります。現状どのくらいの数字を持っているかが分かれば、改善がなされたときの期待値もイメージしやすくなります。

　「PV 数」「セッション数」「コンバージョン数」など、ウェブサイトの基本となる数値をすべて把握します。現状の数字を問われたときに、すぐに答えられるような状態が理想的です。

ステップ 2　ボトルネックの発見

　分析環境が整い、現状を的確に捉えることができるようになれば、次は改善を目指します。現状把握のときはどちらかと言えば量的な側面に注目しますが、改善すべきボトルネックを探るとなると回遊率や離脱率など質的な側面に注目します。広告、ウェブサイト、問い合わせフォームなど、どの施策のどこに改善すべきポイントがあるのかを見極め、実際に改善方策を検討します。

　「直帰率」「ページ遷移率」「コンバージョン率」など、率に注目すると質的な評価がしやすくなります。改善すべき点を洗い出し、次の企画やサイトリニューアルの際に、ボトルネックとなっている点を的確に指摘できるようにします。

ステップ3　ボトルネックの改善

　アクセス解析を初めて実施したときは「改善につなげたい」と感じると思いますが、残念ながら十分な流入や新しいコンテンツの実験をしていない状態では、なかなか有益な改善点を発見することはできません。ウェブサイトに一定の流入数があり、実績が出てから分析に力点を置いたほうが的確な方策を取ることができます。データのサンプル数が多くなければ、たまたま悪い数字だったのか、構造的に改善できる余地があるのかを判断することができます。

　また、改善したいと思ったときにさまざまなアクションを打てる状態であることが理想的な姿です。改善項目を発見し、アクションが打てる体制が整っていれば、いざ改善を目指します。

　具体的なアクションとしては、アクセス解析やヒートマップから発見できた課題に対してページの改善やサイト構造の改善を行い、流入の多いページには A/B テストなどの技術を活用して、今よりも高い成果を目指します。意識したい数値は「改善による成果向上率」です。実際に改善活動の前後で比較をして、改善が成功した回数を積み上げより良い成果の獲得を目指していきます。

ステップ4　営業データとウェブデータの連携分析

　ウェブサイト周りの改善活動ができるようになってくると、ウェブサイトに関連する数字はかなり捉えられるようになっているはずです。しかし、BtoB の場合、真の成果へのインパクトを測るためには営業データとの突合せが必須になります。営業データとの突合せをしようとすれば、当然ウェブのデータだけでは完結ができず、ウェブ以外の部門との連携も必要になってきます。

　まず取るべきデータは、ウェブサイトから供給したリードが実際に営業商談につながり、受注したのか、という営業への供給後の受注データです。これはウェブサイトをきっかけとした営業成果を算出するときに必ず必要になります。さらに、それらを集計し「リード1件あたり売上期待値」を算出します。リードを1件獲得すれば、平均的にどの程度売り上げを期待できるのかが分かるようになり、あらゆるウェブ施策の成功可否や資産価値がイメージしやすくなります。

　目指すべき状態は「ウェブマーケティングの価値の算出」ができることです。例えば、リード1件から平均30万円の受注を獲得できる見込みだということが過去

の経験上分かっていれば、月20件のリードが取れるウェブサイトは月商600万円の見込みを持っているウェブサイトだということができます。ウェブサイトの資産価値と同じように、データベースやメールマガジンなどの資産価値が計算できるようになっていれば他部門や経営層との共通認識が作りやすく、より大きな戦略を狙う際に手助けとなってくれます。

施策と分析は表裏一体

　アクセスログ分析では、人が流れていないウェブサイトを分析しても有益な情報は得られません。人が住んでいない街の調査をするようなものです。同様に、ウェブサイト上で集客や新しいコンテンツにチャレンジしていないウェブサイトでも、有益な示唆を得ることは困難です。そういった意味で、いきなり深い分析から入ることはお勧めしていません。

　また、ウェブサイトに積極的なアクションを取れる見込みがないのであれば、アクセスログの分析も宝の持ち腐れになりかねません。新しいコンテンツを出したり、広告を出稿したりしていない段階ではアクセスログ分析を一生懸命にやっても期待するような仮説も得られません。

　逆に、広告出稿や新しいコンテンツの供給、メール配信など施策が進んでくると分析の価値は上がります。実施規模が大きくなるほど、発見や改善の影響範囲も大きくなるため分析の価値がより上がってきます。今どの段階にいるのかを見極め、その段階に即した分析を心がけることが大切です。

④コンテンツ要素

図2-32　コンテンツ要素におけるステップ

BtoBのウェブマーケティングの基本戦略　　097

ステップ1　現有コンテンツのウェブ化

　まずはカタログや定型の提案書など営業の基礎となっているコンテンツをウェブサイト上で提供することを目指します。現時点で営業が活用していたり、セミナーで使ったりしている資料は顧客に有益な情報として狙って作成されているはずです。ウェブサイトにあまりコンテンツがない段階では、これらの資料を頼りにしながら、まずは顧客に見てもらえる要素を拡充していきます。

　そういった意味で、最初に注視すべき数字は「コンテンツ数」です。検索エンジン対策としても、コンテンツ量、テキスト量は重要な要素になっています。まずは今保有しているコンテンツをしっかりとウェブサイトに反映させることで、コンテンツの下地を作り上げていくのが最初のステップです。

ステップ2　営業力コンテンツの拡充

　今あるコンテンツをウェブ化することができたら、ウェブサイトに営業力の高いコンテンツを作ることを目指します。営業力の高いコンテンツとは、

- **事例**……導入事例やケーススタディ
- **実績**……累積導入実績や業界経験
- **人物**……商品力の源泉となる開発者やコンサルタント
- **ノウハウ**……成功法則や自社なりの方法論
- **データ**……統計データや業界データ

といった、商品そのものの力ではなく、商品の実績や商品に含まれるノウハウを表現したコンテンツのことです。ウェブサイトがターゲットとする顧客にはどんなコンテンツが響くのかを考え、他社が掲載しているよりも優位性の高いコンテンツを目指します。

　このとき注視すべき数字は「キーとなる営業力コンテンツ数」です。コンテンツはただ多ければよいというわけではなく、ターゲットとする顧客に響くキーとなるコンテンツが増えることが大切です。コンテンツを増やすことに慣れてきたら、営業上有効なコンテンツを1つでも多く作ることを目指します。

ステップ3　キーコンテンツの拡散

　良質なコンテンツをきちんと供給できるようになってきたら、人気コンテンツの傾向を捉え、コンスタントに人気のコンテンツを生み出すことを狙います。そしてこのステップではコンテンツの拡散を狙います。コンテンツは社外だけでなく、社内で拡散されることも大切です。社内にコンテンツ制作への応援者が増えることで、協力してくれるメンバーが増え、次第に予算獲得もしやすくなります。コンテンツの拡散の種としては下記のような展開が考えられます。

＜社内＞
- ウェブサイトで掲載
- メルマガで利用
- ダウンロード資料に活用
- 営業が資料に活用

＜社外＞
- メディア掲載
- イントラで紹介
- 外部メディアからの取材依頼
- ソーシャルメディアで引用

　良質なコンテンツは、知られればきちんと活用されます。社内で活用されたり、社外から評価されたりすることでよりコンテンツが拡散していきます。

　そのため、このステップで注目する数字は「コンテンツの拡散数」になります。どのくらいの社内メンバーや社外のメディアに活用されたかを注目します。コンテンツが拡散する仕掛けがうまくできれば、有料の集客方法を使わなくても人が集まる仕組みを作ることができるかもしれません。

ステップ4　定期的なコンテンツの量産

　営業力の高いコンテンツが生み出せるようになり、少しでもコンテンツの拡散ができるようになったら、コンテンツを定期的に量産できる体制構築を目指していきます。コンテンツを一度だけ作ることは決して難しくはありません。しかし、継続して優良なコンテンツを作り続けるとなると大変な努力が必要です。コンテンツの投資価値を説明し、コンテンツ用の予算を獲得する必要が出てきます。コンテンツそのものが社内でも評価され、良いものを作り続けることができなければ、当然定期的にコンテンツを量産することはできません。

BtoBのウェブマーケティングの基本戦略　　099

分析で得られたデータなどを活用しながらコンテンツの有用性を証明し「コンテンツ総数」を多くできるように体制を構築していきます。検索エンジンからの評価を考えても質の高いコンテンツ量やテキスト量を増やす作戦は王道になります。

コンテンツを目的に応じて最適化する

　コンテンツと一言で言っても、紙には紙に適した掲載の仕方、ウェブサイトにはウェブサイトに適した掲載の仕方があります。紙のカタログなどは印刷をするため、間違いがあれば簡単に直すことができません。しかも、頻繁に印刷を行わないため1年、2年もつような作り方をします。すると、内容はどうしても保守的になりがちです。実績の数字や限定的な言い方を避ける傾向にあります。そのため、ウェブサイト用にそのままのコピーや内容を使おうとすると、説得力に欠けるコンテンツになってしまう場合があります。また、営業で持参する資料は営業が解説を加えながら説明する前提の資料であるケースがあります。そのため、そのまま見ただけ、読んだだけで分かる資料にはなっていないケースもあります。営業持参用の資料をウェブサイトに活用しようとすると、説明不足だったり、理解しにくかったりするコンテンツになってしまう場合があります。

　ウェブサイトは基本的に数秒で判断されてしまう媒体であるため、一瞬で理解できるような工夫が必要です。キャッチコピーでも画像や図解をするにしても分かりやすく、理解しやすいことが大切です。コンテンツの大元を作ることができるようになったら、各媒体や目的に合わせて最適化をする工夫が必要になってきます。

⑤メールマーケティング要素

図 2-33　メールマーケティング要素におけるステップ

ステップ 1　メール配信の万全な準備

　メール（個別に私信で送る場合も含む）およびメールマガジンを活用したマーケティングを考えるとき、まずは目的やメリットを整理する必要があります。メールマガジン配信ありきで物事を考えてしまうと、顧客に対して十分なメリットを提供できる目処が立たないにも関わらず、見切り発車でメールマガジンをスタートしてしまいかねません。ただ新商品情報やセミナー情報が届くだけではまだまだ魅力的なメールマガジンとは言えません。魅力的なコンテンツは定期的に供給できるのか、メリットを定期的に提供できるのか目処を付けてから実行に移すことが望ましいといえるでしょう。

　さらに、獲得できるであろうメールの配信先数を調べ、準備を整えることが大切です。利用規約上利用できるメールアドレスはどのくらいあるか。セミナーや展示会や名刺情報など年間の営業・マーケティング活動からどの程度メールアドレスがコンスタントに獲得できるかを算段します。メールで配信する内容と対象を揃え万全の準備を整えます。

ステップ 2　メールマガジンの配信

　顧客メリットが整理でき、顧客から見て、あるいは競合他社との比較から見て一定のレベルに達することができ、配信対象が確保できる目処が付いたならば実際のメールマガジンの配信にとりかかります。

　この段階で注視すべきは「メール配信先数」です。メールマガジンの配信は一定の規模がないと効果が分かりづらくなってしまいます。まずは配信数を増やすことが重要です。ウェブからのメール購読申し込みに加え、普段の名刺交換や展示会リストなど活用できそうなデータを集め、配信数を確保することに努めます。活用できそうなのに利用規約上使えないものは、利用規約を変更してメールアドレスを獲得する体制を整えます。

ステップ 3　ブロック配信や私信配信の実験

　メールマガジンで一定の配信体制や配信量を実行できるようになったら、質にこだわります。通常のメールマガジンであれば本文の中身の作り方や、ウェブサイトへの誘導方法などを工夫します。また、配信方法としても多角的なアプローチで質

BtoB のウェブマーケティングの基本戦略　　101

にこだわります。一括配信方式だけでなく、

- ●ブロック配信
- ●ステップメール
- ●私信メール

などをメールマガジンと並行して試します。一括送信だけでなく、狙った人に、狙った内容が届くように設計を考え「クリック率/開封率」に焦点を絞ります。

ステップ4　メールマーケティング統合計画の策定

各種配信方法や、配信するコンテンツによるデータが蓄積してくれば、どのように統合してメールを使ったマーケティング活動を行うかを考えます。例えば、メール配信方式ごとに役割を分け、

- ●メールマガジン……オフィシャル広報、宣伝
- ●ブロック配信……特典付きのメール
- ●ステップ配信……特定セミナー申し込み後のフォロー
- ●私信配信……アカウントに特化した内容のときの配信。サイト訪問、会員サイト訪問など特定アクションが起こった場合のプッシュ

など役割分担を行います。それぞれに配信時期や間隔を決め、総合計画を策定します。

ここで注視すべき数字は「メールからの商談数/率」です。配信数やクリック数だけでなく、メール経由で商談に至った数を重視します。メール経由で発生した商談数が分かるとメール配信によるマーケティング活動の価値が数値として捉えやすくなります。

メール/メールマガジンはあくまで手法

「メールマガジンだけをうまく運用しよう！」としても、関連する要素が多く、きちんと会社内の足並みを揃えなければ簡単に成功することはできません。特に「コンテンツ」「データベース」との兼ね合いは、大きくメールマガジンの成果を左右

102　Chapter2　【戦略編】自社のあるべきモデルを考える

します。

　メール配信はコンテンツがなければできません。魅力的なセミナーや事例コンテンツやノウハウのダウンロードなどがあれば、メールの反応も跳ね上がります。ネタが良ければ良いほど、どの手法で配信すべきかの選択肢も広がります。

　データベース面では、例えば、

- 過去セミナーに参加した人のみにブロックメールを送りたい
- 受注DBと連結して既に受注がある顧客のみにメールを送りたい
- メルマガ会員の中から直近3か月にサイトにアクセスしている顧客にメールを送りたい

など、やりたい要素が増え高度化したときに実現できるデータベースか、配信システムかということが重要になってきます。近年、単なるメール配信システムから高度な連携ができるマーケティングオートメーションツールが多数リリースされています。やりたいマーケティングのモデルをメールを使ってどのように実現するのかを考える必要があります。メールやメールマガジンはあくまで情報を伝達する手法でしかありません。

⑥データベース化要素

図2-34　データベース化要素におけるステップ

ステップ1　現存データ・システムの洗い出し

　まず、データベース化を推進するにあたって、今、どのくらいデータを持っているのか、どんなデータを持っているのかを確認する必要があります。現存のデータ

や関連するシステムの洗い出しを行い、将来、メール配信や会員制に向けてどのくらいの資産があるかを確認します。

「データ保持数／項目数の確認」を確認し、データベースの構築に必要な規模を算定します。

ステップ2　データベースの導入

数や項目の目処が見えてきたら、実際にデータベースを導入し格納していきます。ただし、持っているデータがそのままデータとして格納できるわけではありません。

- **データの型の問題**……半角全角といった形式や文字コード、各項目の名前の別れ方や住所の別れ方
- **利用目的**……個人情報取得時の利用目的、個人情報保護ポリシー
- **名寄せ**……複数のデータ元に同じ人が入っていたり、部署変更など同じ人を同じ人として連結する

など、実際に活用できるデータに仕立てていく際に、使えないデータがあったり、データが減ってしまったりします。

ここで注視すべき数字は「データ格納数」、つまり実際に使えるデータの数です。また、データベースを活用する目的や成功モデルがある程度見えていることが理想的です。目的や成功モデルがある程度見えていれば、どのようなデータベース内の構成、データベース間の連携をすべきかを判断しやすくなります。

ステップ3　有効データの逓増（データ減少をデータ上昇が上回る）

データベースを構築し、ウェブサイトやメール、リアルイベントとの連動で一定の成果を上げるようになって来れば、恒常的にデータが増えることを目指します。ただし、データベースのデータもメールマガジンの購読解除、転籍、退職などで目減りしていきます。減るペースを上回るペースで、データベースを拡張していければ、恒常的なデータ増が期待できます。データが増える軌道に乗れば、同じコンテンツやイベントでもより大きな成果を期待できるようになります。

ここで注視すべき数字は「データ減少量・データ増加量」です。増加量が高くなれば、ウェブサイトやウェブマーケティングにかけられる費用が逓減していき、収

積逓増なウェブマーケティングの重要な土台になります。

ステップ4　営業付加価値データの付与／連携

　データベースの活用がさらに根付いて来れば、データそのものをより付加価値の高いものへと連携する方向に向かいます。いきなりこのレベルに向かおうとしても、ウェブサイトやイベントの実行体制などの足並みが揃っていなければ、連携できるデータが貧弱になり、高機能なデータベースも使いこなすことができません。

　連携できるデータとは、例えば、

- ●顧客データベース
- ●ウェブサイトの閲覧内容
- ●メールの開封、クリック
- ●過去のイベント参加状況
- ●IP 情報から得た企業情報
- ●名刺情報

など、顧客名からだけでは分からないさまざまなデータを連携することで、顧客データの営業付加価値を高めていきます。スコアリングなど方式により商談前の見込み度情報を増やしていきます。

　データの価値が高まり、営業現場での活用がうまく行くようになれば必然的に「データベースからの受注数・額」が上がってきます。データベースからの受注額が分かることで、データベースそのものの資産価値も推定できるようになります。

データベースは今のマーケティングレベルを反映

　データベースは使う目的、作戦によって必要な機能や性能が大きく変わってきます。そういう意味で、データベースは今のマーケティングレベルを反映すると言ってよいでしょう。

　活用レベルが低い段階では、メールマガジンの配信にしか活用しないかもしれません。すると費用対効果を考慮してメールマガジンの配信に特化したシステムを導入することがベストな選択になります。しかし、マーケティングのレベル全体を上げていこうとするとき、データベースの引っ越しが大工事になって大きな足かせになる場合があります。データベースの引っ越しが大変だから、マーケティングレベルを上げることができないとなれば、本来マーケティングを効率化・高度化してくれるはずのデータベースなのに本末転倒です。

BtoB のウェブマーケティングの基本戦略　105

しかし、未来を見越して、使わないのに高機能なマーケティングオートメーションツールを入れても宝の持ち腐れです。コストパフォーマンスも良くありません。非常にバランスが問われる要素だと言えます。

各要素は関連し合う

各要素のステップについて説明をしました。それぞれのステップだけを見ても、各々の要素が関係し合っていることがよく分かると思います。

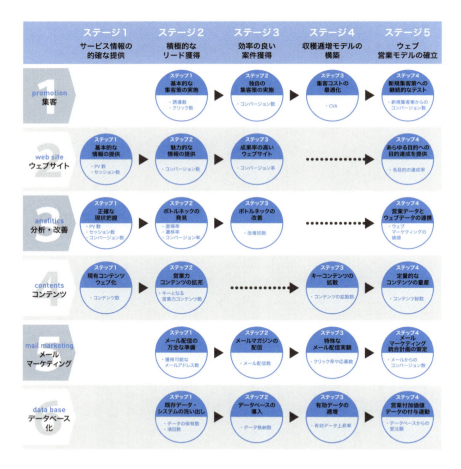

図 2-35　BtoB のウェブマーケティング基本戦略の 5 つのステージ

実際にプロジェクトを進めようとするとき、集客をしようとしても、魅力的なコンテンツがなければ集客そのものが無駄になってしまいます。一方で、一定の集客ができていなければコンテンツに労力をかけても意味がありません。魅力的なコンテンツを揃えたうえで、初めて集客をする意味があり、リードを取れる仕組みができあがります。

　リードが取れるウェブサイトができあがらなければ、データベース化を進めても最大の効果は得られません。データベース化ができていなければメールマガジンを送ることができません。メールマガジンはコンテンツが供給できる体制ができていなければネタ切れになってしまうため、仕組みだけできていればよいわけではありません。

　このように各要素はお互いに複雑に関連し合っているため、ある程度足並みを揃えて進めていく必要があります。企業によっては、それぞれの要素を異なる部署が推進するため、全体を計画する人は要素ごとの推進状況に目配せが必要です。目配せをするための各要素をまとめたのが図 2-35 の「BtoB のウェブマーケティング基本戦略の 5 つのステージ」です。

　5 つのステージでは、「ステージ 1：サービス情報の的確な提供」に始まり、関連する要素の力を付けながら徐々に企業内での役割を広げ、最終的に「ステージ 5：ウェブ営業モデルの確立」に到達します。

- ステージ 1：サービス情報の的確な提供
　……既に商品・サービスを知っている人にとっては十分な基本情報を提供し、製品選定の確認に活用できるウェブサイトを用意する。
- ステージ 2：積極的なリード獲得
　……集客・コンテンツに工夫を凝らし、ウェブサイトからのリード獲得を目指す
- ステージ 3：効率の良い案件獲得。
　……データベースやメールを活用しながら、リード獲得後のフォロー体制を構築し、商談につながる効率の良い案件の獲得を目指す。
- ステージ 4：収穫逓増モデルの確立
　……費用対効果を押し上げコスト以上の成果をコンスタントにあげられるモデルを確立する。
- ステージ 5：ウェブ営業モデルの確立

BtoB のウェブマーケティングの基本戦略　　107

……営業とウェブマーケティングの仕組みが密接に関わり合い、既存の仕組み
ではできなかった営業モデルを確立する。

　各要素の関連性を考慮し、クリアすべき状態が示されています。全社的にシステム
化などが決定し、一部だけがレベルアップしてしまうケースもあるでしょう。あ
くまで多くの企業が当てはまるケースモデルですので、状況により各要素が前後す
るなど、足並みを揃えるべきタイミングは変わるかもしれません。まずは、項目ご
とに現状の到達点を明らかにし、目指すべきステージおよびそのステージに必要な
要素のレベルアップを考えられるようになっています。
　ステージが上がるごとに目指すべき姿が変わっていくように、見るべき数字も変
わっていきます。各ステージで注目するべき数字に合わせて具体的な目標を設定し
ていきます。数字の設定目標が分からない段階では、現状の数値をひとつの参考と
し、どの程度アップさせるかを考えると目標設定がしやすくなります。マーケット
の規模によって目指すべき数字が異なるため一概に数字をお伝えすることはできま
せんが、データが溜まってくれば数字の幅から自社に見合った数字のレンジが分
かってきます。さまざまな業種や企業で共通する目安の数字になりやすいのは、

- コンバージョン率……1%
- 直帰率……50%
- CPA ／リード獲得単価……25,000 円

といった数字です。もし、まったく目標が設定できていないのであれば、まずは多
くの企業が到達している数字を参考に、目標設定することをお勧めします。
　また、まだ足並みも揃っておらず、目指すべきラインも見極められないのであれ
ば、まずはステージ 3 までを進めることをお勧めしています。ステージ 3 まで来
れば、一通りのウェブマーケティングに必要な要素が揃い、実行したい重点戦略が
定まった場合にすぐにアクションすることができます。
　ステージ 3 を越えると、社内ノウハウもある程度蓄積され、ウェブマーケティ
ングを活用する文化が組織に根付いてきます。ウェブマーケティングに対する成果
の証明や費用対効果が数値化され、予算もステージ 1 に比べればかなり予算や合
意も取りやすくなっているはずです。ここまで来れば、その企業の目指すべき姿に

向けて大胆な戦略を打ち出せるようになっているはずです。

　基本戦略として重要なことは、

- 各要素の足並みを揃えること
- 要素ごとの到達点を明らかにすること

です。

　基本戦略では、1つの要素のみを声高に強調するのではなく、本質的なウェブマーケティングの実力を企業内に蓄積することが大切です。大きな一歩を踏み出せる基礎を構築することで、今不足している穴埋めではない、新しい価値を生み出すウェブマーケティングを志向することができます。

2-8　BtoB のウェブマーケティングの 6 つの戦略

　ここでは、既に成功している先駆者が居るモデル 6 つを紹介します。ここから紹介する戦略は、現状の不足部分をウェブマーケティングで補うのではなく、新しい価値を形成するためにウェブマーケティングを活用するものです。自社の営業課題を振り返ってみたときに、どの戦略ならば取り得るのかをイメージしながらお読みいただきたいと思います。

①ターゲット特化型戦略

　ターゲット特化型戦略は現在のマーケティング／営業施策で一定の成果を上げているものの、特に「利益率が高い」「成約率が高い」「実績が多い」などの特化すべきターゲットを定め、ウェブサイト／ウェブマーケティングを徹底的に活用する戦略です。自分たちの"強み"をより強化し、ウェブマーケティングによってさらに他社が追い付けないシェアや地位を獲得する戦略です。

　具体的には、ターゲット専用のスペシャルサイトを立ち上げ、そのスペシャルサイトを中心にマーケティング活動を展開するのが典型的なパターンです。ターゲッ

トに特化する切り口として「業種」「部門」「規模」がオーソドックスなものになります。

- ●**業種**……医療業界、製造メーカー、建築業界、IT 業界、官公庁、など。
- ●**部門**……総務部門、IT 部門、営業部門、経営管理部門、人事部門、など。
- ●**規模**……大企業、グローバル企業、中堅企業、中小企業、など。

　例えば、医療業界の営業部門に強みを持っている SFA システムであれば、医療営業に特化した事例・実績を紹介し、通常の機能紹介ではなく医療営業に特化した機能や活用法を紹介するウェブサイトを展開できます。中小企業の IT 部門に強みを持っているウェブサーバーのサービスであれば、中小企業の成長に合わせたプラン変更の自由度やワンストップでサーバー回りのさまざまオプションサポートが受けられるプランを提示するなど、中小企業でも小回りの利くサービスをアピールするウェブサイトが展開できます。事例や実績も、大企業ではなく中小企業の事例や実績を積極的に公開し、中小企業のほうがむしろ満足度が高いことを説明することでターゲットにより鮮明にメッセージを伝えることができます。

　ターゲットに特化することで、網羅的なターゲットのときには表現しづらかった、

- ●そのターゲットに特化した差別化要素のコピーやコンテンツ
- ●そのターゲットに特化した専門的なノウハウの提示
- ●そのターゲットに特化したテーマのみの事例や実績

などを他のターゲットにスペースを割くことなく、すべての領域を専門的な情報で埋め尽くし、狙ったターゲットにより響きやすくすることができます。

　自社の強みを整理したときに、どんなターゲットが見えてくるでしょうか？　もし、自分たちが勝負できるターゲットに特化することで、

- ●より自社の強みを鮮明にできる
- ●総合力では劣る相手にも勝負ができる
- ●実質的な競合がいなくなる

などの競争に有利な環境を作ることができるならば、取り得る戦略可能性のひとつ
となるです。

②ターゲット分化型戦略

　ターゲット分化型戦略は強みに特化するのとは反対に、現在の営業組織では対応
できていないターゲットについて、ウェブサイトが代わりになって狙う戦略です。
営業組織とウェブサイトが異なるターゲットを狙います。特に、"弱み"を持って
いる分野について、ウェブサイトを使うことでまったく異なるターゲットを開拓
し、今まで対応できなかったターゲットから新たな売り上げ拡大を狙う戦略と言え
ます。

　営業組織が人的な営業では対応しづらい弱みの部分をウェブマーケティングがカ
バーすることを考えると方向性は鮮明になります。営業組織に由来する弱みの典型
的なパターンは、

- 地理的問題
- コストパフォーマンス的問題

が主な問題です。

　地理的な問題であれば、

- 地方エリア
- 海外エリア
- 代理店／パートナーがカバーできていないエリア
- 地方に拠点がある企業から見た首都圏

などが挙げられます。コストパフォーマンス的問題であれば、

- 中小企業など低予算プロジェクト対応
- 小ロット対応
- 手間のかかるカスタマイズ対応

BtoB のウェブマーケティングの 6 つの戦略　　111

●手間のかかる長期プロジェクト／難易度の高いプロジェクト

などが弱みになりやすいパターンです。

　具体的には、今までの営業組織では積極的に対応することができなかったターゲットや要望に特化してウェブサイト／ウェブマーケティングを展開します。もともと弱みを持っているターゲットなので、営業組織がほとんど対応をしなくても済むようになるべくウェブサイト内ですべての営業プロセスが完結するように設計をします。

　例えば、首都圏にしか営業組織がなく地方からの引き合いをあきらめていた場合、汎用的に売れる商品群の専門サイトを構築し、電話・メールとウェブサイトだけでの受注を目指す戦略が取り得ます。営業組織側に入った地方からの問い合わせについても、同サイトを紹介することで定型の購買について営業労力の省力化を促すことも同時に狙うことができます。また、複雑なカスタムオーダーが営業へのインセンティブが少なく積極的に展開できていないような場合は、ウェブサイトのフォームに入力するだけで要望を細かくオーダーできるようにすることで営業を介在しないカスタムオーダーを可能にできます。技術に詳しい顧客であれば自ら仕様を検討できるだけでなく、営業側の技術知識が少なかったとしても営業先で顧客と一緒にウェブサイトを見ながらカスタマイズを検討するような営業活動が展開できるようになります。

　自社の弱みをウェブマーケティングでカバーしようとしたときに、どんなターゲットが見えてくるでしょうか？　もし、自社の営業やマーケティングの弱みになってしまっている部分を逆手に取り、

●狙えなかったターゲットが狙えるようになる
●人的に営業をかけるメリットがなかったターゲットに新しい光が差す
●他社が独占している領域にチャレンジできるようになる

などの新しいターゲットを狙えるチャンスがあるならば、取り得る戦略可能性のひとつです。

③営業プロセス分化型戦略

　営業プロセス分化型戦略は、特定のプロセスをすべてウェブサイトに任せる戦略です。基本戦略で推進したように一部をウェブマーケティングに任せるのではなく、さらに踏み込んで徹底的にウェブマーケティングを活用します。今まで営業組織が担っていたプロセスをすべてやめ、ウェブ化することで新しい営業モデルを作るくらいの覚悟が必要です。

　具体的には、「初期接点は営業組織が行い、既存接点顧客としてのフォローはすべてウェブサイトで行う」パターンがあります。初期営業こそ最大の営業の情報獲得のチャンスです。逆に言えば、残念ながら初期営業で商談の可能性が低いと判断された案件は、人が対応しないほうが効率的かもしれません。そこで、初期営業で漏れたリードについては、人的営業では一切フォローせずにすべてウェブマーケティングに任せます。

　例えば、東京の港区エリアに特化してオフィス不動産を案内している企業のケースが参考になります。非常に狭いエリアをターゲットにしている場合、あるいは地方の特定エリアをターゲットにしている場合リスティング広告だけから集客するのは困難です。検索需要にさらにエリアターゲティングを加えると、インプレッションが伸びず集客でかなり苦戦することになります。そこで、初期集客は DM とポスティングでローカル企業に徹底的に認知されることを狙い、一度接点ができた顧客には専用ウェブサイトから特定エリアのリアルタイムの新着物件が分かるサイトを展開することでローカル企業にメリットのある設計を施します。初期集客はむしろリアルに任せ、一度つかんだ顧客はウェブマーケティングで離さない戦略です。極端にエリアが絞られているケースや医師や経営者などなかなか会うことができないターゲットにウェブマーケティングを展開する戦略として効果的です。

　あるいは、「初回取引は営業が担当し、2 回目以降の取引はすべてウェブサイトで行う」といった戦略も立案可能です。例えば、オフィス通販、法人向けの化粧品や飲食卸など、一度購入してもらえれば品質が理解され、2 回目以降の購買が起こりやすい製品・サービスで効果的な戦略です。初回購入を完了した顧客には、顧客ごとに会員サイトが用意され、その顧客ランクごとの価格でウェブサイトから 2 回目以降の購入ができるようにします。次期の新商品のサンプル提供や売れ筋では

ない商品の在庫処理にも活用でき、未来の宣伝活動も効率化できます。人は初回営業に特化して動くことで、対応すべき範囲も準備すべき内容も省力化できます。人が対応する範囲を減らすということは規模が大きくなればなるほど、より大きなメリットをもたらします。

　現在の営業プロセスで人的な営業に非効率を感じていたり、限界を感じていたりするプロセスはないでしょうか？　もし、構造的な非効率を見つけることができ、

- ウェブサイトに任せることで効率化できる
- ウェブサイトの活用で人的リソースを極端に減らせる
- ウェブサイトの対応範囲が増え、安心して規模を拡大できる

などの可能性を見出すことができれば取り得る戦略のひとつです。

④ショップ／ダイレクトオーダー型戦略

　ショップ／ダイレクトオーダー型戦略は、今まで営業が行っていた見積もり業務、在庫確認業務、製品選定業務などをすべてウェブサイトに移管し、Eコマース化することで顧客が人を介在しないで購買をできる仕組みを構築する戦略です。営業の省力化はもちろんのこと、顧客の省力化を徹底的に考え、人ではできなかったメリットを最大化するようにウェブマーケティングを設計します。ショップ／ダイレクトオーダーに向いているケースは商材の視点、顧客メリットの視点から整理できます。

<商材の視点>
- 標準品／汎用品を販売
- メンテナンス品／サプライ品を販売
- フルカスタマイズオーダー品を販売
- リピートオーダーを効率化
- 自社商品の周辺商品を含めたパートナー販売
　……など
<顧客メリットの視点>
- 24時間オーダー

- リアルタイム在庫確認や納期確認
- リピートオーダーのパッケージ化、一括注文や個別注文の管理
- ポイントや割引
- ワンストップでの調達

……など。

FA（ファクトリーオートメーション）分野や部品調達などでは非常に一般的になっている戦略です。今までは注文票を書き、営業や調達部門に連絡し、在庫を確認し、いちいち納期を確認しなければならかった調達業務を一挙に楽にすることができる可能性があります。例えば、24時間オーダー、リアルタイム在庫管理、注文到着時間の設定、注文履歴のデータ管理などができ、いちいち営業を介在せずとも最適なオーダーができる環境を整えることができます。加えて、BtoCで進んでいるEコマースの技術を利用して、

- 会員制／ポイント制
- レコメンド表示／レコメンドメール
- A/Bテスト
- パーソナル広告
- メール／購買履歴／アクセス履歴を統合した高度なデータ分析

など今までの人的な営業組織ではできなかった価値を付与することができます。ここまで持って来ることができれば、今まで定型的な業務だったものが、顧客を動かしデータが取れる生産的なマーケティングのツールになります。

人が行っている業務の中で定型的な業務だが、重要なデータが行き来しているような業務はないでしょうか？　もし、定型的な購買業務や既存顧客への営業アプローチを見直すことでEコマース化を推進することにより、

- 営業活動が省力化できる
- 顧客に新しい価値を提供できる
- 新しいテクノロジーで未来に向けた営業体制が構築できる

BtoBのウェブマーケティングの6つの戦略　115

可能性があるのならば、積極的に取りうる戦略のひとつです。

⑤メディア／コミュニティ型戦略

　メディア／コミュニティ型戦略とは、ターゲット顧客が行う情報収集、課題発見、課題明確化を徹底的に考え、自社製品の枠組みを超えて顧客に必要な情報を提供することで、自分自身がメディアやコミュニティになる戦略です。今まで製造業・メーカーではなかなか取り得なかった戦略です。メディア化・コミュニティ化ができれば顧客に圧倒的に優位な立場からアプローチできる一方で、専業でメディアをやっている新たな競合と戦うことになります。メリットは大きいが、厳しい道のりへの覚悟が必要な戦略と言えます。考える視点としては、「同ターゲットの広範なテーマ」に広げて考える、あるいは「同ターゲットの特化したテーマ」狭めて考えると新しい戦略のヒントがつかめます。

　同ターゲットの広範なテーマとは、具体的には、

- ●「オフィス通販」→総務全般のメディア
- ●「ビジネス向けソフトウェア」→ビジネス全般のメディア
- ●「人事向けシステム」→人事全般のメディア

など、自分たちのターゲットが行う業務をより広範に捉え、自社の商材がカバーしていない領域にも有益なコンテンツを提供します。例えば、「オフィス通販」→総務全般のメディアとして「経費精算、旅費精算、総務関連法務」など総務に必要な広範に亘る情報を提供し、総務部門が日々閲覧してメリットのあるサイトを構築することで、いざメイン商材の什器等が必要になったときに真っ先に目に入るようなスペシャルサイトを展開します。

　逆に、同ターゲットの特化したテーマとは、具体的には、

- ●「オフィス通販」→総務の旅費計算に特化したメディア
- ●「ビジネス向けソフトウェア」→プレゼンテーション技術に特化メディア
- ●「人事向けシステム」→人事の法務に特化したメディア

など、自分たちがより得意な分野で積極的な情報提供を行い、他のメディアからは手に入らない深いコンテンツの提供を目指します。例えば、「人事向けシステム」がテーマであれば人事の法務に特化したメディアを展開する場合、人事に関する法改正に関する情報はもちろんのこと、法改正に対する自社システムの設定方法、クライアント調査から見る他社の対応状況の数字など自社オリジナルの情報を提供し、通常メディアではできないスペシャルサイトの展開を目指します。メディアやコミュニティを本業としている相手がいる以上、総合的なメディアよりもまずは特化メディアから目指すほうが賢明です。

　ターゲットにより有用な情報が社内で埋もれていることはないでしょうか？　そのターゲットのことを深く洞察し、彼らが必要な情報やノウハウを集めることはできないでしょうか？

　もし、自社独自の情報で既存のメディアを越える部分があるのならば、メディア化を推進することで、

- ●業界内での認知度を高めることができる
- ●今まで捉えられなかった悩む前の顧客をつかまえられる
- ●コミュニティの基盤を作れる

可能性が広がります。普段の競合とは異なり、メディアとしての競合と比較したときに、勝負できる可能性があるならば取り得る戦略です。

⑥アンテナ型戦略

　アンテナ型戦略は、顧客の動きをよりつぶさに捉え、今までの営業活用では捉えられなかったデータを顧客データやリードデータに付与することで、営業活動を活性化する戦略です。科学的な営業の基礎となるデータをウェブマーケティング活動で徹底的に収集し、人的な営業活動だけでは成し得なかった数値を論拠にした営業活動を展開します。

　今までは、顧客の声を獲得する方法と言えば、

- ●営業担当のフィードバック

BtoB のウェブマーケティングの 6 つの戦略　117

- アンケートを実施
- コンテンツのアクセス分析から声を類推
- CS 調査の実施

などが一般的な方法でした。どちらかと言えば営業活動後のデータであり、企業名が明確になった後の分析が中心でした。これからはウェブマーケティングをアンテナとして活用することで営業活動前のデータをさらに強化することができます。もっともインパクトのあるデータは IP 情報による企業情報の取得です。IP 情報から企業情報を取得することで、問い合わせやダウンロードといったリード化する前段階から企業名が分かります。リード前の企業名情報が分かることで、今まで持っていたデータの価値も増し、より突っ込んだマーケティング／営業判断ができるようになります。

　具体的には、

- アクセスデータ（ウェブサイト／会員サイト）
- 広告データ
- メールデータ

などとクロスすることで、

- どの企業がどんなページにアクセスしているのか
- どの広告から有力企業が流れているか
- メールの反応率が高い企業はどこか

など企業名ベースでの分析が可能になります。例えば、事例コンテンツを置いた際も、単なるアクセス数の反響だけでなく、企業規模レベルでの反響を分析ができるようになり、大企業がよく見ているコンテンツ、中小企業がよく見ているコンテンツなどが切り分けられるようになります。サイト内検索の分析も、企業名別の検索ワードが分かるようになり、より具体的な営業活動のヒントをつかめるようになります。

　また、企業名が明らかになることで、今までの SFA、CRM、ERP、顧客 DB の

118　Chapter2　【戦略編】自社のあるべきモデルを考える

あらゆるデータに連結できる部分ができ、既存のデータも高度なデータにレベルアップします。データをもとに、より突っ込んだアクションが可能になります。

例えば、IP 情報が営業データベースと連結することで、

- 既存顧客がアクセスしたときと、新規顧客がアクセスしたときに表示されるページを切り分ける
- 休眠顧客がサイトへ訪問したときに営業担当にメールする
- 各種フォームでドロップしてしまった企業名を営業 DB に格納する

など、アクションに直結するデータ活用が可能になります。

データが増えることで合理的な判断ができる分野はないでしょうか？　合理的な判断ができることで、営業活動が加速するポイントは発見できないでしょうか？

もし、データを活用したウェブマーケティングや営業活動に切り替えることができれば、

- 顧客データベースにより価値の高いデータを入れられる
- ウェブサイトや顧客データベースをトリガーにアクションを起こせる
- ウェブサイトの表示を企業ベースでパーソナライズできる

などデータを活用したインテリジェンスの高い営業活動ができる可能性が広がります。科学的な営業を志向することで効果的な営業活動が想像できるならば取り得る戦略のひとつです。

本質的なウェブマーケティングを志向して

6 つの戦略を実際に成功しているモデルから紹介しました。ウェブマーケティングとして、どのような新しい形を目指すのか。おぼろげながらにも見えてきたでしょうか？　自社が実現できる可能性を感じるモデルがあるはずです。

BtoB のウェブマーケティング戦略というと、まだまだ単にウェブサイトを活用しよう！　ウェブサイトからリードを増やそう！　ツールやシステムを入れよう！といった表面的な議論になってしまいがちです。今一度、現状を見直し、営業課題

を認識し、営業プロセスの役割分担を行い、新しい仕組みを目指していただきたいと思います。ウェブマーケティングにより今まで狙うことができなかったターゲットが狙えたり、新しいマーケットを攻めたり、新機能で競合他社に差をつけることができる可能性が広がります。他社が到達していないラインにいち早く到達し、圧倒的なポジションを築ける可能性が広がります。長く有利な営業活動を続けられる環境を自ら作り上げていくことができます。ウェブマーケティングを使って営業やマーケティングを根本から見直すことこそ、BtoBのウェブマーケティング戦略と言えるでしょう。

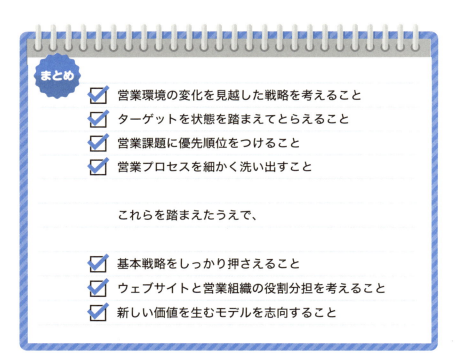

まとめ
- ☑ 営業環境の変化を見越した戦略を考えること
- ☑ ターゲットを状態を踏まえてとらえること
- ☑ 営業課題に優先順位をつけること
- ☑ 営業プロセスを細かく洗い出すこと

これらを踏まえたうえで、

- ☑ 基本戦略をしっかり押さえること
- ☑ ウェブサイトと営業組織の役割分担を考えること
- ☑ 新しい価値を生むモデルを志向すること

Chapter3

【戦術編】戦略を実現する作戦を練る

3-1 戦術を考える手順

　戦略に目星が付いたら、今度は戦略を実現するコンテンツ制作や広告出稿をいかに実行するかが重要です。戦略を実現できるだけの「ウェブサイトを改善する力」「コンテンツを生み出す力」といった実行力を付けられるかどうかが成功を左右します。この Chapter3 では、BtoB のウェブマーケティングにおける実行力を高める取り組みの戦術的な側面について、顧客が体験する逆の手順で考えていきたいと思います。そうすることで、顧客が最終的にどんな営業窓口に向かうのかを意識しながらウェブサイトを設計することができるようになります。

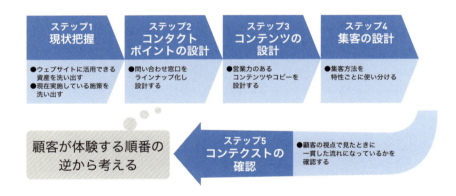

図 3-1　コンサルティングの手順

3-2 プロモーション資産／コンテンツ資産の棚卸【現状把握】

いざ、「ウェブマーケティングに力を入れよう！」と思ったときに、まず着手すべきは活用できるプロモーションの資産、コンテンツの資産を棚卸することです。現在、どんな資産があるかを見直すところから始めます。

プロモーション資産の棚卸

「プロモーション資産」とは、集客に活用できそうな社内外のリスト、広告、データのことです。過去に活用したことがあれば、どのくらいの成果があったのかを洗い出します。過去に失敗してしまったものも改めて洗い出し、活用の仕方によっては過去よりも良い成果が出せないかを検討していきます。

ウェブマーケティングを始めた直後は「コンテンツ」や「デザイン」ばかりに気を取られて、肝心な集客のためのプランニングをおろそかにしてしまう場合があります。まずは、しっかりと今までのプロモーションの資産を洗い出し、どの程度活用できるものがあるかの見極めが必要です。

もし、活用できる資産が多ければ、ウェブサイトの改善や新規コンテンツの追加に合わせて積極的に資産を活用します。もし、活用できる資産が少なければ、資産を増やすところから考えなければなりません。集客に関するテストを幅広く行い、どの集客方法が効くのかデータを積み上げていくところから計画する必要があります。

経験が深くなると、どの手法がどの程度の効果をもたらすのかが推測できるようになってきます。資産がどんどん増えることで、ウェブマーケティングの成功確率も着実に上がっていきます。図 3-2 に例示したリストのような資料を作成し、すべての項目についてまずは確認を行い、どの程度集客のポテンシャルを保有しているのかを洗い出します。

検索エンジンを中心としたウェブ集客

SEO対策

主なキーワード	検索順位	検索需要予測	CTR予測	誘導数	コンバージョン率予測	コンバージョン見込み
●●●●	1	5000	15%	750	1%	7.5
××××	3	4000	5%	200	1%	2
△△△△	12	12000	1%	120	1%	1.2
総誘導数(organic search)				1070	1%	10.7

検索エンジン広告（リスティング／リマーケティング）

主なキーワード	インプレッション	CTR	誘導数	コンバージョン率予測	コンバージョン見込み
●●●●	4000	4.20%	168	1 %	1.68
××××	2000	1.23%	24.6	1 %	0.246
△△△△	1000	0.34%	3.4	1 %	0.034
リマーケティング広告	20000	0.80%	160	0.50%	0.8
総誘導数 (paid search)			356	0.78%	2.76

検索エンジン以外のウェブ集客

		検索エンジン以外のウェブ集客対策	実施有無	アプローチ数	サイト誘導率	誘導数	CVR推定	コンバージョン見込み
	1	プレスリリース配信	有	1200	1.0%	12	0.7%	0.1
	2	業界サイトへの広告出稿	有	20000	2.0%	400	0.7%	2.8
	3	業界メルマガへの広告出稿	無	–		–		–
	4	自社メールマガジン配信	有	12000	2.4%	288	0.7%	2.0
	5	グループ会社・協力会社のメールマガジン出稿	無	–	–	–	–	–
	6	ソーシャルメディアへの投稿・広告出稿	無	–		–		–
	7	自社サイト内での露出強化	無	–		–		–
	8	グループ会社・協力会社サイトでの露出強化	無	–		–		–
	9	イントラなど社内・グループ内への露出強化	無	–		–		–
	10	その他サイトへのリンク・掲載依頼	無	200	1.0%	2	0.7%	0.0
総計		検索エンジン以外のウェブ集客対策		33400	2.1%	702	0.7%	4.9

ウェブ以外の集客対策

カテゴリ	No	営業資産となる項目	実施有無	アプローチ数	サイト誘導率	誘導数	CVR推定	コンバージョン見込み
部門内	1	名刺情報	有	2000	30.0%	600	0.7%	4.2
	2	セミナーへの参加者リスト	有	200	5.0%	10	0.7%	0.1
	3	過去の問い合わせ者・資料請求者	有	50	10.0%	5	0.7%	0.0
	4	展示会の来場者リスト	無	–		–		–
	5	ダイレクトメール・年賀状などの送付先	無	–		–		–
	6	メルマガの配信先	無	–		–		–
社内	7	プレスリリースリスト	無	–		–		–
	8	関連商品・サービスの既存顧客リスト	無	500	5.0%	25	0.7%	0.2
	9	関連商品・サービスの名刺情報	無	–		–		–
社外	10	業界専門媒体とのコネクション	無	–		–		–
	11	パートナー企業の既存顧客リスト	無	–		–		–
	12	補完的商材を持つ企業との提携	無	–		–		–
総計		営業資産からの期待値		2750	23.3%	640	0.7%	4.5

図 3-2　プロモーション資産の洗い出し

124　Chapter3　【戦術編】戦略を実現する作戦を練る

コンテンツ資産の棚卸

　「コンテンツ資産」とは、ウェブサイトのコンテンツや問い合わせ窓口に活用できそうな情報のネタのことです。営業部門のみで利用している資料や古いイベントの資料などがウェブサイトで活用できるかもしれません。まずは、現状埋もれているコンテンツの資産がないかを、先に例示したリストを活用しながら洗い出すことをお勧めします。

　コンテンツをゼロから生み出すことは決して簡単なことではありません。活用できる元ネタがあるならば、コンテンツ制作のハードルも下がります。たくさんの資産があれば、メールマガジンでネタが枯渇してしまったときも手助けになります。

　そのままコンテンツとして使えないと思っていたとしても、デザインを一新したり、コピーを見直したりすることでウェブコンテンツやダウンロード資料として再活用できる可能性を秘めています。例えば、社内向けの資料であればデザインもきちんとなされていないケースが多く、美しく体裁を整えることで魅力的な資料になる場合があります。紙ベースの資料であれば印刷をかけ、年単位で利用できるように制作するため保守的なコピーになりがちで、一見すると魅力的に見えないものもあります。例えばカタログでは年単位で変わってしまう累計数字などは避け、あた

★社外向け媒体	コンテンツの内容	制作時期	活用可能性
●カタログ	商品情報	2014年　5月	○
●定型提案書			
●広報誌	事例	2015年 12月	×
●パンフレット	商品情報	2014年　5月	△
●販売パートナー向け説明資料			
●セミナー資料	過去のセミナーデータ	2015年　4月	△
●ホワイトペーパー	統計調査データ	2016年　4月	○
●展示会用動画			

★社内向け資料	コンテンツの内容	制作時期	活用可能性
●新人研修用資料／社内勉強会資料	初心者向け解説	2010年　4月	△
●セミナーアンケート			
●競合調査／市場調査資料			
●販売実績／営業売上データ	実績情報	2016年　8月	○
●営業分析データ	競合比較	2015年　4月	×
●経営会議用データ			
●セミナー動画			

図 3-3　コンテンツ資産の棚卸項目例

プロモーション資産／コンテンツ資産の棚卸【現状把握】　125

りさわりのないコピーになりやすいため、決してウェブマーケティングに向いている状態になっていません。これらのコピーをウェブ用に見直すことで、説得力のある資料に生まれ変わる可能性があります。まずは、コンテンツの種を発見し、資産が活用できるのか、それとも資産が少なく新たにコンテンツから作らなければならないのかを見極める必要があります。

今ある資産の棚卸をリスト化する

資産を棚卸することができたら、リスト化を行い、資産の量や質を含めた利用価値を判断します。いざリスト化をすると、実は眠っている資産があったり、活用していなかった資産があったりすることに気付かされることがあります。自分の部署のみに注目していて、全体的に見れば実は見落としがあったということもあります。リスト化を行い関係部署に回覧することで、そういった見落としを防ぐ効果もあります。リストができれば、実際に集客／コンテンツ／コンタクトポイントを設計するうえでの最初の素材を確認することができます。

3-3　施策のマップ化【現状把握】

次に、現在実施しているウェブマーケティング施策をマップ化し、俯瞰できるようにしていきます。営業プロセスのうちウェブサイトが特に関連性の高い部分にフォーカスを当てます。マップ化を行うプロセスは「集客」「コンテンツ」「コンタクトポイント」「営業対応」の4つのプロセスです。

現在実施している施策ひとつひとつをブロックとし、「集客」ではウェブサイトに集客するために実施している施策を、「コンテンツ」では実際にウェブサイトに公開しているコンテンツを、「コンタクトポイント」では問い合わせ窓口として分割しているものをピックアップします。問い合わせ窓口ごとに営業対応のルールがしっかり分かれていれば、「営業対応」の基本となるルールを記載し、受注の決定可否の際にどのようにリード管理するかを記載します。この流れを確認することで、まず現在どのような施策が各プロセスで行われているかが明らかにできます。

126　Chapter3　【戦術編】戦略を実現する作戦を練る

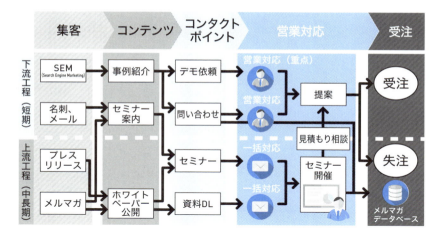

図3-4　施策のマップ化

　さらに、関連性の高い施策同士を矢印でつなげていきます。関連付けする際は、Chapter2の意思決定プロセスで紹介した「上流工程」「下流工程」を意識したもので配置するとつながりがイメージしやすくなります。

意思決定に合わせたコンテンツ配置で現状課題を把握する

　短期的に商談化することを目的とする「下流工程」を上部に置きます。また、短期的に商談につながりそうな集客方法を上部に配置します。そして、すぐに意思決定を促すような具体性の高いコンテンツから問い合わせ窓口につなぎ、丁寧に営業が動くルール決めがされているものをつなぎます。具体的な問い合わせやコンペの依頼などに対応する際のルートを見極めるイメージです。

　一方、中長期的に商談化することを目的とする「上流工程」を下部に置きます。すぐには商談にはつながらないが、テーマに関心がある人に響くような集客方法、コンテンツ、コンタクトポイントを下部に置きます。資料送付やメールでのコンタクト、セミナーや電話ヒアリングを挟むなど営業が即対応しないものをつなぎます。資料ダウンロードやカタログ請求などの直接的な問い合わせメッセージがないときに対応するルートを見極めるイメージです。

　現状をマップ化しようとしたとき、うまく上流／下流が整理でき、実際のユーザー

施策のマップ化【現状把握】　　127

が体験するウェブサイト上での流れも整理した内容と一致していれば、綿密に計画が練られたウェブサイトと言えるでしょう。逆に、うまく上流／下流が整理できず「線がつながらない」「そもそもブロックがない」という状況であれば、現況のサイトの課題が見えてきます。

- ●「上流／下流の振り分けに迷う」
  →そもそも意思決定プロセスを意識したコンテンツになっていない。
- ●「左に施策が偏り、コンタクトポイントが狭まる」
  →集客はできているものの見合ったゴールがない。
- ●「コンテンツとゴールはあるが集客のブロックが少ない」
  →ゴールを設けているものの効果的な集客を行えていない。
- ●「上下に施策がばらばらに配置される」
  →一貫した文脈が伝わっていない。

など、現状の施策実行上の課題が見えてきます。実際に計画を練る際に、注力しなければならないポイントがはっきりとしてきます。

このように施策をマップ化できれば、現状を俯瞰的に見ることができるようになります。コンテンツ資産がどのくらい現状活用されているのかを確認するのにも役立ちます。普段ウェブマーケティングに関わっていない人にとっても実施施策が分かりやすくなり、各部署がやろうとしていることを理解しやすくなります。

ここまでが現状把握のフェーズです。「プロモーション資産の棚卸」「コンテンツ資産の棚卸」「施策のマップ化」を経て、計画を練る下準備が整います。

3-4　コンタクトポイントの設計

ここからは、実際にどんなコンテンツを作るのか、どんな集客手段を使うのかといった中身の設計を考えていきます。考える手順はいろいろなパターンがあるかと思いますが「コンタクトポイント」から設計を考えることで一貫性のある計画が練りやすくなります。コンタクトポイントとは、お問い合わせや資料請求、メールア

ドレスを入力してのダウンロードなど、顧客とコンタクトを取るための窓口です。コンタクトポイントはウェブサイトと営業をつなぐ重要なポジションです。ウェブサイトと営業をつなぐポジションであるということは、ウェブサイト上でどんな問い合わせを受けることができるのか、営業組織としてどこまで対応できるかというBtoBのウェブマーケティングの本質的な部分から議論することができます。ウェブサイトと営業部門がどのような連携を取るのかが明確になり、後の計画が進めやすくなります。

　もし、コンテンツや集客を優先して計画を立てると、せっかく有益な顧客情報をウェブサイトに誘導できたとしても、コンタクトポイントの計画がおろそかになり、十分な問い合わせ数を確保できない場合があります。リードが獲得できたとしても営業側から価値ある情報だという評価がなければ、せっかくのリードが無駄になりかねません。ウェブと営業をつなぐコンタクトポイントから設計を考えることで、重要なつなぎ部分にしっかりと橋を作ることができ、前後の企画が実行性の高い計画になります。

　しかし、残念ながら問い合わせフォームはシステムが関わることから、

- 検討が後回しになりやすい
- 仕様上あきらめる要件が出やすい
- コストダウンのためフォームの数を減らされてしまう

など、おざなりになってしまいやすい傾向があります。顧客から情報をいただく重要な窓口ですから、時間とコストをかけて検討することをお勧めします。

ラインナップを明確にする

　コンタクトポイントの設計でもっとも良くないものが、「お問い合わせ」だけしかフォームがないという状態です。Chapter1の失敗したケースでも紹介したように、「お問い合わせ」フォームのみの場合、さまざまな内容の問い合わせが同じフォームに寄せられることになり、情報の判別がしにくくなってしまいます。お問い合わせフォームに「資料ください」「見積もりください」といった見込み度合いがあいまいな問い合わせが増えると、営業組織側で有効な判別ができず、そこからの情報

コンタクトポイントの設計　　129

収集に手間がかかったり、後回しにされたりしがちです。具体的にウェブサイトで考えると図 3-5 のようなケースが考えられます。

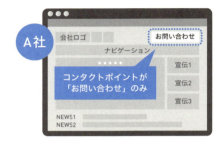 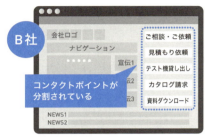

図 3-5　問い合わせラインナップ例

　例えば、図 3-5 は同じ商材を扱う A 社と B 社の例です。A 社は「お問い合わせ」しかなく、すべての問い合わせの受け皿が 1 つのフォームになっています。一方、B 社のお問い合わせは「ご相談・ご依頼」「見積もり依頼」「テスト機貸し出し」「カタログ請求」「資料ダウンロード」と 5 つに窓口が分かれています。むしろ「お問い合わせ」という窓口は存在せずに、各窓口にはっきりとした目的が定められています。

- 「**ご相談・ご依頼**」→何か相談事や依頼事があるときに問い合わせるフォーム
- 「**見積もり依頼**」→価格を知りたいときに問い合わせるフォーム
- 「**テスト機貸し出し**」→テスト機を依頼するときに利用するフォーム
- 「**カタログ請求**」→カタログを請求するときのフォーム
- 「**資料ダウンロード**」→必要な資料をダウンロードするときのフォーム

　営業にとって、どのような問い合わせが来れば有効な営業判断ができるのかを考えながら、コンタクトポイントを考えた状態が B 社の例です。B 社のようにコンタクトポイントのラインナップを増やし、分割することで 3 つのメリットが生じます。

メリット①　顧客から見て、何をしてくれる企業か分かりやすくなる

　コンタクトポイントは、その企業が顧客に対してどんなことをしてくれるかを宣言する窓口になります。A社のように「お問い合わせ」1つでは、見積もりを依頼できるのか、テスト機を貸し出しているのかすら分かりません。B社のようにラインナップが分かれていると、一目で顧客に対してどんなことをしてくれる会社なのかが分かります。顧客はテスト機を貸し出してくれるということを理解したうえでウェブサイトを閲覧するようになり、気に入った製品があったときにはテスト機の貸し出しも含めて検討するようになります。

　A社よりのB社のほうがいろいろなことをしてくれる会社という印象を受けることでしょう。コンタクトポイントをラインナップすることで、顧客から見て何をしてくれる企業なのかが分かりやすくなります。

メリット②　フォームごとに設問を変えることができる

　A社のようにフォームが1つしかない場合、フォームの設問もあらゆる目的を網羅しなければならなくなります。「予算権限のある人か？」「すぐに検討したいか？」「どんな経路でウェブサイトに到達したか？」などいろいろと聞きたくなりがちです。すると、あらゆる目的のために設問を増やすことになり、無駄な設問が増えてしまいます。B社のように目的別にフォームが分かれていれば、各フォームの設問をフォームごとに変えることができます。

　例えば、「予算」を聞きたいとしましょう。A社のように総合的なお問い合わせフォームの中で「予算」という風に聞けば、顧客はどのように感じるでしょうか？

- 予算が少ないと相手にしてもらえないのではないか？
- まだ商談になるか決めてないのに予算は答えられない

など、「予算」という項目をポジティブに捉えることは難しいでしょう。ポジティブに捉えられないとすれば、必然的に回答率も下がります。入力してもらえなければ、設問を設置した意味も薄くなってしまいます。

　一方、B社の見積もり依頼フォームの中で「予算」という項目があれば顧客はどのように感じるでしょうか？

コンタクトポイントの設計　131

- ●「予算」内で見積もりを提案してもらえるのではないか？
- ●「予算」を安めに書けば、価格の交渉ができるのではないか？

　少しポジティブに変わることが分かると思います。顧客側にも「予算」を書くメリットが出てきます。すると、「予算」についても回答率が高くなり、より営業に付加価値の高いリードを渡すことができるようになります。

　さらに、カタログを請求したいと思ったときも、A社のフォームでは汎用的な設問であるため煩わしい設問に答えなければなりません。カタログ請求に必須となる住所情報も必須項目になっていなければ必要な情報をロスする可能性が高くなります。B社のカタログ請求フォームであれば、カタログ請求に必要な情報だけを確実に入手することができます。フォームの目的に特化して設問を設計することができ、むろん回答率も高くなります。

　フォームをラインナップすることで、ラインナップに合わせた設問を設計できるようになります。きちんと情報を獲得したいフォームではしっかりと情報を聞き、さほど情報は求めずに資料を届けたいだけのフォームでは入力の手間を省力化する。このように設問を最適化することで、全体として見たときの効果を高めることができます。

メリット③　情報が分かりやすくなり営業判断がしやすくなる

　A社の問い合わせフォームにはおそらく見込み度の高いものから低いものまでさまざまな問い合わせが混ざった状態で来ることでしょう。B社のラインナップされたフォームでは、見込み度合いが高いものは「見積もり依頼」「テスト機貸し出し」へ、まだ見込み度の低いものは「カタログ請求」や「資料ダウンロード」へ誘導されると想像できます。さらに、営業がリード情報を受け取ったときに、「見積もり依頼」フォームに「予算情報」が付与されていたり、「テスト機貸し出し」フォームに「以前使っていた競合の機種情報」が付与されていたりとリード情報も豊富になって営業判断がしやすくなります。見込み度の低い窓口である「カタログ請求」や「資料ダウンロード」はむしろ人的な営業を積極的にしなくてよい窓口と設定することで営業の省力化にもつながります。

　このように、問い合わせフォームのラインナップが明確になることで、事前にあ

132　Chapter3　【戦術編】戦略を実現する作戦を練る

る程度の対応方針を決めることができます。そのうえ具体的な営業付加情報が獲得
しやすくなり、営業判断は一段としやすくなります。

テクニカルな対応に漏れをなくすこと

　問い合わせフォームのラインナップができたら、各フォーム内でなるべく答え
やすい環境を整えることが大切です。分かりにくいフォームや無駄な設問が多い
フォームはどうしてもフォームの遷移率が悪くなります。一般的なフォームでは
フォーム到達から入力完了までの率が30％弱です。70％程度は再度サイトに戻っ
たり、最悪の場合は入力をやめてサイトから去ったりしてしまいます。もし、自社
サイトを分析したときにフォーム遷移率が25％を下回っているようであれば、改
善の余地があると考えてよいでしょう。

　フォームをテクニカルな面から改善検討するべき項目を表3-1にまとめました。

表3-1　フォームの検討項目

項目	検討内容
ステップ表示	●「確認」や「完了」のステップを明記する ●設問数が多い場合、適度にステップを分ける
必須表記	必須事項と任意記入が色や注意書きで分かるようにする
入力制限	全角や半角といった入力制限が理解しやすいように明示する
例示の明記	記入例を分かりやすく表記する
エラー表記	エラーがあったときエラー箇所とエラー内容を正確に伝える
入力支援	郵便番号からの住所入力など入力支援を行う
ボタン名称	「確認」「完了」「入力画面に戻る」などフォーム内の遷移を分かりやすくする
不要設問の削除	不要な設問を極力避ける

　すべての項目で問題がない状態に持っていき、顧客が気持ち良く問い合わせ完了
できるような環境を整えることが大切です。

的確なプレゼンテーションを行う

　問い合わせフォームで「プレゼンテーション」と言われると違和感を覚える方も
居るかもしれません。しかし、このプレゼンテーションこそが個々のフォームの問
い合わせ率を高めるためにもっとも重要な視点です。

コンタクトポイントの設計　133

問い合わせ確率を上げるためには「期待値」が大切

　一般的に設問が少ないほうがフォームの遷移率が高いことが知られています。無駄な設問や必須項目を減らしコンパクトなフォームにすることで、入力の手間が省かれ、顧客が入力しやすくなります。しかし、お問い合わせフォームにおいて遷移率が高いことに加え、営業にデータを供給する役割も考えると「設問を増やす」ことも重要です。もし、深い情報を獲得したいフォームであれば、設問を減らすことは必ずしもプラスの方策とは言えません。

　参考になるケースを紹介すると、過去の経験上もっとも遷移率が高かったフォームは設問が 80 個もある、回答に非常に時間のかかるフォームでした。設問が少ないほうがよいという考え方からは逆行するような数値です。その遷移率が高かったフォームが他のフォームと異なる特徴は「すべて回答すると、同じ回答をした他の顧客の平均データが分かる」ということでした。顧客は回答すれば自分にとって貴重な情報をもらえることが分かって回答しています。つまり、事前にフォームに入力する「期待値」が高かったということです。設問の入力が面倒で労力がかかったとしても、入力を完了した後にもらえるものが、その労力を上回る価値を与えれば遷移率は良くなるということを表しています。

　考えてみれば、本当に欲しい情報がある人は少々のハードルがあったとしても面倒な情報を入力するはずです。皆さんも欲しい情報を得るために多少面倒でも入力をしなければならなかったという経験があるのではないでしょうか？　つまり、フォームの設問の数は第一義的な問題ではなく、もっとも重要なことは顧客に「入力完了後に欲しい情報が手に入る」と事前に分かってもらうことです。つまり、「問い合わせを完了すると、どのような素晴らしいことが起こるのか」を顧客に説明する必要があるということです。そう考えると、事前にどのようなプレゼンテーションをしておくかが非常に重要だということが分かると思います。

　プレゼンテーションを強化する要素としては、

- フォームの名称やフォームの説明文
- フォームに行くボタン上の表現やデザイン
- フォームに遷移したときの上部や下部での後押し

などが主なものになります。

例えば、「見積もり依頼」フォームの「フォーム名称」ひとつを取ってみてもさまざまな角度から工夫が考えられます。

建築物や大きなプロジェクトの開発など、見積もり自体にコストがかかることの多い業界では、「見積もり」→「無料見積もり」と表現することで見積もりにコストがかからないメリットを説明できます。

見積もりの回答期限が遅くなりがちな業界、見積もりが複雑になりがちな業界では、「見積もり」→「見積もりは24時間以内に回答」と表現することでスピード感をアピールできます。

大量購入が多く、小ロットでのオーダーが心理的なハードルになる業界では、「見積もり」→「1品からでも見積もり可能」と表現することで、きめ細やかな対応や小ロットに対する積極的な姿勢をアピールできます。

フォーム名称やフォームの説明だけでもいろいろとプレゼンテーションを工夫できるはずです。これをデザイン面にも反映させ、差別化要素を目立たせるなどの工夫が必要です。問い合わせをする人がどのような期待を持ってウェブサイトを訪れているかを考え、徹底的に事前の期待値を高めることが大切です。顧客の期待値を高めることができればフォーム遷移率も高めることができ、設問を減らさずとも本質的に価値のあるフォームにレベルアップすることができます。

コンタクトポイントの種類

コンタクトポイントを考えようと思ったとき、まずヒントになるのは同業他社がどんなコンタクトポイントを展開しているかということです。顧客が同業他社にも同じように情報収集や問い合わせをすることを考えた場合、競合他社よりも広い窓口を持っていれば、その競合に比べて営業の間口も広い印象になります。少なくとも競合相手のもっとも進んでいる企業と同様の窓口を設け、負けない状態を目指すことが必要です。

他社よりもさらに先んじようとするならば、異なる業種のウェブサイトがどんな窓口を持っているかを研究することで、同業種では思いつかなかったようなコンタクトポイントが発想できるかもしれません。表3-2は、コンタクトポイントとしてよくあるケースを一覧にしたものです。

コンタクトポイントの設計　135

表 3-2　コンタクトポイントのラインナップ

種　類	具体例
総合カタログ	総合カタログを郵送やデータで提供する
パンフレット	個別商品のパンフレットを郵送やデータで提供する
営業提案書	定型の提案書をダウンロードできるようにする
小冊子提供	特別なテーマにしぼった小冊子を提供する
仕様例・構成例	サーバーやシステムの 会社規模に合わせた仕様や構成の例を提供する
実務用資料	FAX送信状や法務関連の基本表記など よく使う実務関連資料を提供する
分析データ	開発段階での実験データやアプリケーションデータなどを提供する
パートナー向け資料	パートナーになるための資料を提供する
開発者支援ツール・ データ	自社製品を使う開発者に向けてツールやデータを提供する
提案支援ツール・ データ	販売支援をしている会社に向けて、 提案に必要なツールやデータを提供する
簡易診断	フォームから必要項目を入力するだけの簡単なビジネス診断を行う

（資料提供）

種　類	具体例
資料請求	資料の請求を受け付ける
相談会	無料相談会や法務相談など専門性の高い相談を個別で受け付ける
デモ依頼	商品やサービスのデモンストレーションの依頼を受け付ける
見積もり依頼	見積もりに必要な情報をもらい、見積もり依頼を受け付ける
テスト機貸し出し	テスト機の貸し出しを受け付ける
サンプル・試用	商品のサンプルを提供したり、サービスのお試しを受け付けたりする
問い合わせ	あらゆる問い合わせを受け付ける

（個別対応）

種　類	具体例
セミナー申し込み	セミナーへの参加を受け付ける
デモ会	ショールームなどへの来場を前提とした デモンストレーションを受け付ける
視察申し込み	工場内などの視察を受け付ける
メルマガ登録	メールマガジンへの登録を受け付ける
会員登録	会員サイトへの登録を受け付ける

（参加対応）

　自社を振り返ったときに、どんな窓口を増やすことできそうでしょうか？　まずは窓口を増やす可能性を検討し、どこまで間口を増やすことができるか、どのコンタクトポイントが自社にとって有効な窓口になりそうかを検討します。

コンタクトポイントを徹底的に見直す

　コンタクトポイントの可能性や有効性に一定の判断ができたら、実際に作る窓口を設計します。コンタクトポイントの設計のポイントは、戦略編（Chapter2）で紹介をした「ターゲットマッピングの 4 象限に 1 つずつの窓口を設ける」ということです。自社の業種や製品の特性に合わせたターゲットマッピングができていれば、自然と重い窓口から軽い窓口へ幅広くあらゆる悩み事の状態に答えることができるようにコンタクトポイントを配置できます。さらに、レイアウト上、近くにまとめて配置することが大切です。コンタクトポイント同士に一覧性を設けることで、どんなことをしてくれる会社なのか顧客が理解しやすくなります。

　"お問い合わせ"という言葉を改めて考えてみると、内容を指定せずに「何でもコンタクトを取れる」ということしか表していません。何でもコンタクトを取れるということは、あいまいな問い合わせを誘発してしまうということです。もし、自社のコンタクトポイントを振り返ったときに、あいまいな問い合わせを誘発してしまいそうな状況であれば、問い合わせフォームを徹底的に見直す必要があります。

- ●問い合わせが網羅的にラインナップされているでしょうか？
- ●どんなラインナップが新たに配置できるでしょうか？
- ●ターゲットごとにコンタクトポイントがあるでしょうか？
- ●競合他社に比べて遜色ない窓口設計になっているでしょうか？
- ●各フォームで設問を最適化できているでしょうか？
- ●フォーム前のプレゼンテーションは魅力的でしょうか？
- ●テクニカルなハードルは排除できているでしょうか？

　改善すべき点が発見できたら、まずはコンタクトポイントから真っ先に改善することをお勧めします。

コンタクトポイントの設計　137

3-5 コンテンツ設計

BtoB 分野でウェブサイトを作る場合、コンテンツを制作することそのものの難しさが付きまといます。真新しいコンテンツを作るとすれば、深い製品知識や業界知識が必要です。ウェブマーケティングを主とする部門がコンテンツを率先して作ろうとしても、もっとも製品知識や業界知識を持っている営業部門や開発部門にはかないません。そうなると、一定の社内協力を仰ぎながらコンテンツを制作することになり、必ずしもスムーズに思い通りのコンテンツが作れるとは限りません。

かと言って、カタログや定型の提案書など既にある資料からウェブサイト用のコンテンツを作ろうとすると、先に紹介したように営業の手持ち情報を減らしてしまうことになります。元ネタが営業資料である場合、営業がそのまま既存の資料を使い続ければ資料のバッティングが起きてしまい、

- カタログでできたサイトからの資料請求に同じ情報のカタログを送る
- 定型提案書からできたサイトからの問い合わせに定型提案を行う

など、営業力が強いとは言い難い状況を生んでしまいます。

新たにコンテンツを作ろうとしても、既存のコンテンツを活用しようとしても、いずれにしても難関が待ち受けているのがコンテンツ制作です。いずれにしても難易度が高いのであれば、結局は、コンテンツを作る力を付ける必要があり、コンテンツを作る難しさと向き合わなければなりません。

さらに、一度きりで良いコンテンツを作るだけではなく、継続的にコンテンツを生み出せる体制を作るとなると、もっと難易度は高くなります。有力なコンテンツを作り、社内に認められ、予算が付き、また次のコンテンツにチャレンジできる。そういうサイクルを作ることが非常に難しく、どこかで息切れしてしまいがちです。継続的にコンテンツを生み出すよいサイクルに持っていくためにも、まずはコンバージョンにつながる、営業が使いたいと言うような効果の高いコンテンツを 1 つでも多く作り、コンテンツに力を入れるべきだという機運を社内で高めることが肝心です。過去にコンテンツ制作にチャレンジし、息切れしてしまった方も、ウェ

138　Chapter3　【戦術編】戦略を実現する作戦を練る

ブサイトの改善に魅力的なコンテンツは必須です。ぜひ、最初の成功例を作る気持ちで臨んでいただきたいと思います。

商品力コンテンツと営業力コンテンツ

　まずはコンテンツ制作を計画するにあたって、コンテンツにはどんなものがあるのかを考えたいと思います。コンテンツを分類しようとしたとき、大きく分けて「商品力」と「営業力」を説明するコンテンツに分かれます。

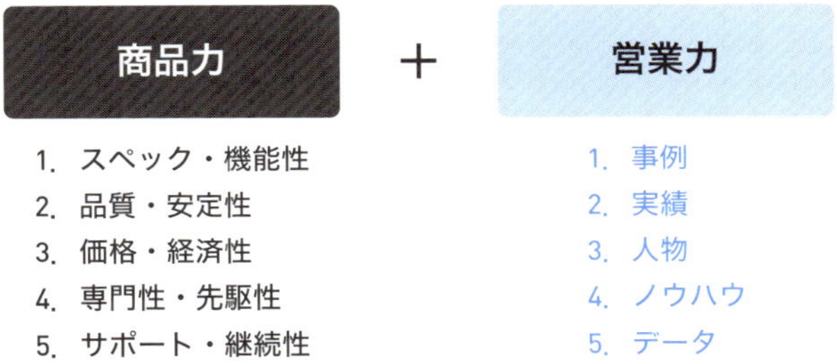

商品力	＋	営業力
1. スペック・機能性		1. 事例
2. 品質・安定性		2. 実績
3. 価格・経済性		3. 人物
4. 専門性・先駆性		4. ノウハウ
5. サポート・継続性		5. データ

図 3-6　商品力コンテンツと営業力コンテンツ

「商品力コンテンツ」とは、

1. **スペック・機能性**……商品・サービスが持つ機能や性能に関するコンテンツ
2. **品質・安定性**……商品・サービスの品質や安定性に関するコンテンツ
3. **価格・経済性**……値段やコストメリットに関するコンテンツ
4. **専門性・先駆性**……商品・サービスの専門性や先駆性に関するコンテンツ
5. **サポート・継続性**……サポート体制や企業としての継続性に関するコンテンツ

など、マーケティングや営業を推進する側では後から変えることはできない商品やサービスに依存する情報です。商品力に依存するコンテンツだけでも売れるのは、実際に商品が No.1 の性能を持っていたり、圧倒的な差別化要素があったりするときだけです。1 位の商品を持つ会社は 1 社しか居ません。No.1 を打ち出す作戦を取るのはごく限られた会社です。仮に 1 位の商品だとしても、2 位以下とのシェア

コンテンツ設計　　139

を広げる戦いを展開し、いざ海外製品が押し寄せてきたり、競合製品が性能アップしたりした場合に備えなければなりません。

　結局のところ、商品力を前面に押し出すだけのコンテンツでは必ず限界が来ます。どんな商品も商品力にだけ頼っていては、いずれ戦えなくなるときが来ます。商品の性能は必ず必要な情報だとしても、ウェブマーケティングを本格的に推進していくためには商品力を上回るコンテンツが必要です。

　そんなとき必要な視点が営業力コンテンツです。「営業力コンテンツ」とは、

1. **事例**……導入事例やケーススタディなどのコンテンツ
2. **実績**……導入実績や提供年数などのコンテンツ
3. **人物**……開発者やコンサルタントなど商品・サービスを支える人のコンテンツ
4. **ノウハウ**……商品やサービスの活用や導入のポイントなどのコンテンツ
5. **データ**……業界平均や他社状況など数値的論拠となるコンテンツ

など、商品そのものの力だけでなく、営業実績から生まれる力から商品を説明するコンテンツです。例えば、事例コンテンツは自社の商品が事例企業の中でどんな価値を生んでいるのか個々のケースについてリアリティを持って伝えることができます。実績が分かるコンテンツであれば、どの業界や規模が得意なのか、商品力だけでは分からない実績の全体像が見えてきます。人物に依拠するコンテンツであれば、コンサルタントや営業担当が自分たちの課題を発見し、商品を選定してくれるメリットを打ち出せるかもしれません。ノウハウを公開するコンテンツを展開すれば、同じような商品を持っている企業よりも経験値が高く、商品の活用に長けている印象を付与できます。平均データや競合データをたくさん持っていれば、商品選定で困っていたとしても重要な示唆をもらえると感じるでしょう。

　このように商品がどのように顧客に浸透し、それがどんな優秀な人物が行い、データやノウハウとなって会社に蓄積されていることがアピールできれば、本来持っている商品力以上の魅力を伝えることができます。考えてみれば、商品説明はむしろカタログダウンロードに任せればよい内容です。ウェブサイトで重視すべきは、商品が持つ力よりもさらに商品を魅力的に見せる営業力コンテンツです。営業力コンテンツを意識することで、商品力が決して1番とは言えない商品にも道が開けるはずです。

コンテンツの種類

　営業力の高いコンテンツを作ろうと思ったとき、競合他社の分析は不可欠です。競合他社を分析し、自社が強みを持っている部分ではその企業に勝てるコンテンツを計画する必要があります。まずは営業力コンテンツとしてどんなものがあるのかを考え、自社が取り組むべきコンテンツの方向性を見極める必要があります。表3-3に具体例を挙げてみました。

　さまざまな業界で提供されているコンテンツを参考にすれば、必ず自社でもできる営業力コンテンツがあるはずです。ただし、どのような文脈で作るのかはじっくりと考えていただきたいポイントです。同じコンテンツだとしても、どのような視点でそのコンテンツを作るかによって伝わり方が変わってきます。例えば、事例1つを取って見てもアプローチは4つに分けることができます（表3-4）。

　新商品や事例が少ない後発商品の場合でも事例やケースの見せ方を工夫することで必ず可能性が見えてきます。自社の状況や業界の向き不向きに合わせて、どんな見せ方をするのかはこだわったほうがよいポイントです。

　逆に、事例の数が少ないからと言って決して悲観する必要はありません。過去に事例が1,000件を超えるウェブサイトを分析したところ、問い合わせに至った顧客が見ていた事例の平均数は3.2個程度でした。1,000件あっても3件強しか見ないということです。実際に自分が事例を探す立場で考えてみれば、たくさんの事例を見るよりは、自分の課題に合ったもの、同じような状況のもの、同じ業界での事例など、事例を探す切り口ははっきりしているはずです。そして、自分がしっくりとくる事例が1つでもあれば、十分に問い合わせの意欲が喚起されるはずです。つまり、事例は多ければよいというわけではなく、ターゲットに響くことがもっとも重要だということです。たくさんの事例を作るよりもターゲットに響く質の高い事例を作ることを意識する必要があります。数をたくさん作ることは優先課題ではありません。質の高い事例コンテンツを作ることができるのであれば、事例の数はターゲットが抱える課題のパターンの分だけあれば十分な効果を発揮します。

コンテンツ設計　141

表 3-3　コンテンツの種類

	種　類	具体例
事例	顧客事例	顧客のロゴを掲載し、企業との取引そのものをアピールする
	ケーススタディ	顧客名を伏せる代わりに改善前後のデータなどをアピールする
	ロゴ掲載	導入ロゴのみを掲載し、数でアピールする
	自社実践	よくあるケースになぞらえて、商品サービスの活用パターンをアピールする

	種　類	具体例
実績	外部評価	外部団体からの受賞・表彰・取材歴などをアピールする
	実績一覧	実績を一覧にし、多くの案件を実行している点をアピールする
	実績数値化	実績総数や内訳を数値化し、コンパクトなメッセージで実績を伝える

	種　類	具体例
人物	技術者紹介	開発を行った技術者にフォーカスをしてこだわりや技術レベルの高さをアピールする
	コンサルタント・営業紹介	コンサルタントや実際に訪問をする営業を紹介し、顔を売る
	ビジネスブログ	ブログ形式で業界のニュースや専門知識の解説などを行う
	社長メッセージ	社長からのメッセージ。動画で配信されるケースも

	種　類	具体例
ノウハウ	方法論	商品情報ではなく、商品の提供方法など自社で培った方法論を公開する
	オンラインセミナー	実際のセミナーを撮影したり、オンライン特別のセミナーを録画・公開したりする
	技術紹介	専門技術について解説を行ったり、独自技術の紹介を行ったりする
	用語解説	難解な用語や業界専門用語を解説し、特化した業界への強さをアピールする
	よくある質問	質問をたくさん掲載することで、顧客フォローの経験値をアピールする
	小冊子公開	過去に作成した小冊子を公開する

	種　類	具体例
データ	マーケティングリサーチ	商品開発時などに実施したマーケティングリサーチの一部を公開する
	ネットリサーチ	特定の業界に関連するリサーチを自ら取り、ホワイトペーパーとして公開する
	実地型リサーチ	顧客満足度調査、顧客への販売実績など自分たちで集計したデータを公開する

表3-4　事例コンテンツの向き・不向き

種　類	メリット	デメリット	向いている状況
顧客事例	顧客名が表記され説得力がある	具体的な数字などが出しにくい	顧客との関係が良好で、モデルケースになる顧客が居る
ケーススタディ	具体的なケースや数字が明確になる	顧客名がないため、やや説得力に欠ける	●機密情報が多く社名が載せづらい業界 ●１社でモデルケースにできる事例がない
ロゴ掲載	制作時に許可取りがしやすい	導入の経緯やノウハウなど具体的な状況は分からない	●導入ケースに差がない ●ロゴのみで十分なアピールになる業界
自社実践例	●具体的な数字や情報を明記できる ●自ら活用する姿勢をアピールできる	顧客事例が乏しい印象を与える場合がある	●新商品など事例そのものが少ない ●改善率など数字による説得力の重要度が高い業界

コピーの重要性

　コンテンツの中身を考えるときに、デザインや文章など重要な要素がいくつかありますがコピーも非常に重要な要素です。ウェブサイトでコンテンツを展開することを考えれば特に重要度は高くなります。

　ウェブサイトは読むものというよりはどちらかと言えば見るもの、一瞬で判断するものです。例えば、検索エンジンを通じて初めて知らないウェブサイトに訪れたとき皆さんはどんなアクションを取るでしょうか？　多くの方は、検索で上位のものから流し読みし、検索結果のリンク文や説明文を見て、自分が探している情報に近そうなサイトをクリックしてサイトを訪問すると思います。そのサイトに到達したとき、訪れたページをざっと見て自分が欲しそうな情報があるかを判断しているはずです。もし自分が欲しそうな情報がなければ検索エンジンに戻って次のサイトを見て、同じように次のサイトについてざっと欲しい情報があるかを確認するはずです。それでも欲しい情報がなければ、一度見たサイトの中をじっくり見るよりも、検索用語を変え再度検索することでしょう。

　つまり、いかに検索の上位に居たとしてもじっくりとウェブサイト内を回遊してもらえるわけではなく、サイトに訪問した一瞬の判断でウェブサイト内を回遊するかどうかの重要な判断がなされてしまうということです。いかに奥のページで素晴

コンテンツ設計　　143

らしいプレゼンテーションをしていたとしても、初めて訪れたページで瞬間的な判断が下されてしまうということです。そうなると、長々とした説明文は初めて見るページとしては適切ではありません。コンパクトに強みやメッセージを伝えるコピーが必要になります。ウェブサイトでは、特にトップページやランディングページでは瞬間的に内容を理解できることに重点を置いて、コンテンツの見せ方を考える必要があります。

コンパクトなコピーには数字を使うのが王道

　ウェブサイトは瞬間的に判断が下されることを意識して、コンパクトに伝える工夫が大切です。ウェブサイト向きのコンパクトなコピーを作るには、数字を使うのが王道です。数字は目に入りやすく、瞬間的に理解しやすい特性があります。自分たちが持っているコンテンツを整理するうえでも、メッセージの具体性が高まりやすくなります。

＜数値化による具体化の例＞
- ●「豊富な実績」→ 2 万社の実績
- ●「手厚いサポート」→ 12 のサポートメニュー
- ●「高機能」→ 120 の機能からカスタマイズ

　数値化することによって具体性が高まり、規模感なども一瞬でイメージしやすくなります。「数値化しましょう！」という議論になったときに、「なかなか数字にできる要素がない」「数値化するデータがない」といった反応をされることがありますが、経験上、商品やサービスに飛びぬけた性能がなくとも、一定の顧客に支持されている商品であれば数値化できるものが必ずあります。数値化をする視点には表3-5 のようなものがあります。きちんと実績を整理すれば数値化できる可能性が見い出せるはずです。

　もちろん、ただ数字にすればよいというわけではありません。表 3-5 を参考にしながら、あらゆる数字の可能性を見出し、自社の強みを端的に表現できる数字を見つけることが大切です。今一度振り返ったとき、自社に埋もれている数字はないでしょうか? うまく数値化ができればウェブサイトでメッセージをコンパクトに伝えることができるようになります。

144　　Chapter3　【戦術編】戦略を実現する作戦を練る

表 3-5　数値化の 8 つの切り口

切り口	内　容
総実績	顧客数、出荷数、契約数、販売総数、利用人数など 例）顧客数 5,000 社の実績、2 万人が利用するシステム
歴史	操業年数、サービス提供年数など 例）ノウハウを確立して 30 年、サービス提供から 10 周年
機能やメソッドの数	機能数、パラメーター数など 例）500 の機能であらゆる要望を実現、300 パターンのグラフが 　　表示できる
人の数	専門職数、サポート人数、コンサルタント数など 例）30 人の専門コンサルタント、150 人のサポート体制
取り扱い数、 ラインナップ数	商品数、取り扱い数、パートナー数など 例）海外を含む 3 万商品を取り扱い、全国 50 社のパートナー
コスト／ コストパフォーマンス	安価、コストダウン率など 例）5 万円以下を実現、現行製品から 30 万円以上コストダウン
成果	改善率、改善額など 例）50%営業成果がアップ、30%のコストダウンを実現
満足度	顧客満足など 例）サポート満足度 92%、製品導入満足度 96%

コンテンツの設計

　コンテンツ資産から過去のコンテンツを洗い出し、コンテンツの種類から新しいコンテンツの可能性が検討できたとして、実際にどのコンテンツをどんな優先度で配置していくかにも気を配らなければなりません。コンテンツの設計に当たって 3 つの観点を忘れないようにする必要があります。

【視点 1】ターゲットマッピングに合わせたコンテンツ

　まずはターゲットマッピングに合致しているかという視点です。戦略編（Chapter2）で設定をしたターゲットマッピングに対して、合致するコンテンツを作ることであらゆるターゲットの悩みに網羅的に対応できるコンテンツ構成になります。ターゲットのいろいろな悩み事に関連するキーワードが出てくるようになり、検索エンジン対策としてキーワードの種類を増やすことにも役立ちます。

　自分たちにとっては過去のイベントの資料だとしても、今悩み始めた人たちにとっては有益な情報かもしれません。自社の都合のみで判断せずに、各ターゲット

コンテンツ設計　　145

に有益なコンテンツはないか。各ターゲットに響く期待ができるコンテンツを作れているかを確認する必要があります。

【視点２】 コンタクトポイントとの連動制

次の視点はコンタクトポイントとの連動制です。コンテンツを見て満足度が高かくなった顧客をどのような窓口に誘導するのかが成果に大きく影響してきます。

例えば、事例を掲載したとして、

●「事例ダウンロード」でアドレスのみもらうのか？
●「同様のケースの見積もり依頼」で踏み込んだ情報をもらうのか？
●「類似テーマのセミナー」で対面のコンタクトを取るようにするのか？

など、どのパターンがもっとも効果的かを考える必要があります。

すべてを併記できるとしても、どこに重点を置くかで流れやすいルートが変わってきます。まずは、ターゲットマッピングの同じブロックにあるものを優先し、より具体的な商談につなげるための勝ちパターンを探る必要があります。

【視点３】 コンテンツが企業の顔になる

コンテンツ数が少ない状態では、商品やサービスの情報のウェイトが高くなります。すると、商品、サービスの全体像がその企業がどんな領域の事業を展開しているかを網羅的に表す顔になります。商品一覧、サービス一覧が企業活動や強みを象徴するページになる傾向があります。

同じようにコンテンツがたくさん供給できるようになってくると、コンテンツがどんなバランスで、どんなウェイトで配置されているかが企業の顔になってきます。

先に紹介したように、

●大企業ばかりだと大企業しか対象にしていない印象になる
●中小企業しか紹介しなければ中小企業対象のサービスに見える

さらに、

146　Chapter3　【戦術編】戦略を実現する作戦を練る

- 人物が前面に出たとき、人への期待が高まる
- データが前面に出たとき、ロジカルな期待が高まる

など、コンテンツ供給の仕方でウェブサイト全体の印象も変わってきます。

　最後に確認しなければならない点は、コンテンツがどのような文脈で伝わるかということです。作りやすいものばかり作れば、本来伝えるべきコンテンツに十分なウェイトが割かれないかもしれません。新しいコンテンツができれば最新のものとして大きく掲載したくなりますが、バランスが取れていた文脈を壊してしまうかもしれません。初めてウェブサイトに訪れた人にとっては、いつ来たとしても初めての閲覧です。常に、コンテンツから伝わる文脈を意識しながら、どのような優先順位で掲載するか慎重に舵取りをする必要があります。

　上記のようにコンテンツができた後も、配置やバランスに配慮が必要です。自社ウェブサイトのコンテンツを見直したとき、

- 商品力に依存しないコンテンツは掲載できているでしょうか？
- 競合他社に特定分野で負けないコンテンツが供給できているでしょうか？
- コンパクトなコピーが提示できているでしょうか？
- ターゲットマッピングに合わせて網羅的なコンテンツがあるでしょうか？
- コンタクトポイントとの連動制が高い配置ができているでしょうか？
- コンテンツから伝わる文脈を意識した優先順位付けができているでしょうか？

　コンテンツは、まだ迷っている顧客に問い合わせをするか否かを判断させる重要なトリガーになります。今一度、コンテンツを生み出す体制やクオリティを振り返り、有益なオリジナルコンテンツを継続的に生み出せる体制を目指すべきです。

3-6 集客

　ウェブマーケティングの経験が浅いうちは、集客の計画があいまいになりがちです。ウェブマーケティングの経験が浅い段階でよく耳にするケースは、

- ウェブサイトのリニューアルをすれば検索の順位が上がると考えていた
- コンテンツをたくさん更新すれば集客につながると考えていた
- ホームページのリニューアルの予算取りはしていたが集客の予算がなかった

などの集客についてあいまいな計画になっているケースです。「ウェブサイトのリニューアルをすること」が、「集客」につながる思いや、「集客」そのものの方法論を考えることが後回しになっています。

　一般的に、ウェブサイトのリニューアルはサイト内の回遊率やコンバージョン率に大きく影響を与えることができますが、ウェブサイトのリニューアルのみで集客が劇的に増えることはありません。アクセス数が増えるとすれば、

- ウェブサイト内の回遊率が上がり結果的に PV 数が上がる
- 新しいコンテンツがメディアの目に止まり誘導が増える
- 狙ったキーワードの検索順位が上がって誘導数が増える

など集客につながる因果関係があり、要因があって集客上の効果が上がっているはずです。集客が増える要因を考慮せずにリニューアルのみを行っているのであれば、集客の計画はほぼしていないに等しいと言ってよいでしょう。

　特に齟齬が起きやすいのが SEO 対策です。ウェブサイトのリニューアルだけでは、仮に発注要件に SEO 対策を含んでいたとしても、確実に順位が上がるわけではありません。注意したいのは、「SEO 対策」として表現をしたときに、実施内容に受注側と発注側で齟齬が起きやすいということです。例えば、受注側では、「SEO 対策」を「HTML の適切な表記」として理解し、

- 間違いのない HTML 表記
- H1、H2 などの正確な階層表記
- メタタグへの適切な記述、ページ別の表記変更
- ALT タグのテキスト入力
- 上記タグへのキーワードの盛り込み

を実施しようと考えているとします。広い意味で SEO 対策と言えますが、競合の多いキーワードではこれらの基本的な内部対策だけでは順位が大幅に上がることを期待するのは困難です。しかしながら、発注者側では「SEO 対策」を「検索エンジンでの上位表示」として期待していると大きな齟齬が生まれてしまいます。依頼したはずなのに結果が得られないという状況になれば、適切な発注とは言えません。

　もし、SEO 対策を依頼したいのであれば、SEO 対策として実行する中身を担当会社と確認し、どんな内容を実行するのかをすり合わせる必要があります。単なる HTML の適切な表記ではなく、もっと踏み込んで上位表示を実現したいのであれば、狙ったキーワードでの上位表示が目標である趣旨を伝え、上位表示に十分な対策となっているのかを確認する必要があります。発注者側の狙いと受注者側の実施計画が一致して、初めて実行力のある計画と言えます。

　SEO 対策は、もし検索需要が多いキーワードで検索上位への表示が実現すれば、非常に効果が高い手法です。期待が大きいだけに、勘違いも生まれやすい手法でもあります。SEO 対策そのものが悪いのではなく、SEO 対策としての特性が正確に理解されていないことに問題があります。

　冷静に SEO 対策を評価するならば、

- ●順位が上がると大きな集客につながる可能性がある
- ●広告コストを払わずに継続的な集客が見込める

という大きなメリットがある一方、

- ●戦う敵が多い
- ●検索エンジンの仕様変更にも影響しやすい
- ●確実な予測がしづらい

といったデメリットがあると言えるでしょう。確実な予測がしづらい特徴を理解していれば、集客の計画を SEO 対策のみに依存するのは安定性が低い計画だということがご理解いただけると思います。

　SEO 対策を正しく評価するとの同様に、あらゆる広告手法・集客手法においても特性があることを理解する必要があります。集客方法ごとの特性を理解し、集客

集客　149

方法の持つメリットやデメリットを数字として測定しながら、自社にマッチする計画を立てることが集客プランニングの目的です。まずは、集客方法として活用できる 15 パターンごとの特性を理解するところからスタートし、自社のプロモーション資産に合わせて実際の計画を練っていきましょう。

集客の 15 種類と特性

集客方法について、15 種類に整理したものが表 3-6 です。

表 3-6　15 種類の集客方法

集客方法	手法説明
①リスティング広告	グーグル、ヤフーといった検索エンジンに対して検索用語に連動した広告を出稿する
② SEO 対策	グーグル、ヤフーといった検索エンジンの検索結果上位への表示を狙う
③ディスプレイ広告	関連するメディアサイトなどに広告を出稿する
④リマーケティング広告	自社ウェブサイトへの訪問経験がある人にのみメディアサイトなどに広告を出稿する
⑤業界誌・業界サイトへのサイト広告	特定の業界誌や業界サイトに広告等を出稿する
⑥業界誌・業界サイトへのメルマガ広告	業界誌が持つリストやメールマガジンに対して広告を出稿する
⑦ソーシャルメディア広告	フェイスブック、ツイッター、ライン、ユーチューブといったソーシャルメディアに広告を出稿する
⑧自社関連サイトでの露出強化	自社が持つサポートサイト、既存顧客向けサイト、関連商品のスペシャルサイトなどに露出を強化する
⑨ネットプレスリリース	ネットプレスリリースサービスを利用しリリース情報をプレスする
⑩ソーシャルメディア活用	フェイスブック、ツイッター、ライン、ユーチューブといったソーシャルメディアに公式アカウントを持ち活用する
⑪グループ会社協力	グループ会社のウェブサイト、メルマガ、グループ向けのイントラなどに掲載する
⑫パートナー企業協力	パートナー企業のウェブサイト、メルマガ、グループ向けのイントラなどに掲載する
⑬自社メールマガジン	自社メールマガジンから集客を行う

続く→

150　Chapter3　【戦術編】戦略を実現する作戦を練る

集客方法	手法説明
⑭私信メール配信	名刺で獲得したアドレスや商談先のメールに対して 私信形式でメールを配信する
⑮ DM	ダイレクトメールや定期刊行物・請求書などの郵送物に ウェブサイトの告知を同封する

検索エンジンを中心とした集客

集客方法のうち、検索エンジンを中心とした方法には、表 3-7 のようなものがあります。

表 3-7　検索エンジンを中心とした集客

集客方法	メリット	デメリット	向いている環境
① リスティング広告 （確実性：◎非常に高い）	●キーワードに連動した関心の高いユーザーを誘導できる ●クリックされた分しか課金されず、無駄なコストが少ない	●競合が多い場合、クリック単価がどんどん高くなる ●検索需要が少ない用語には効果がない	検索需要が一定以上あれば、すべての BtoB 企業が活用できる
② SEO 対策 （確実性：△低い）	上位表示されたときに広告コストがかからず大きな集客を期待できる	グーグルの仕様変更や競合の状況に影響を受けやすく確実性が低い	●検索需要のわりに競合が弱いキーワードがある ●自社のコンテンツやテキスト量に自信がある
③ ディスプレイ広告 （確実性：〇高い）	●関心層にアプローチでき、インプレッションを多く稼げる ●クリックされた分しか課金されず、無駄なコストが少ない	キーワード連動型広告よりもニーズが顕在化していないユーザーへのアプローチになる	●魅力的なコンテンツを豊富に持っている ●コンテンツサイトに集客をしたい
④ リマーケティング広告 （確実性：〇高い）	自社サイトへの訪問経験のあるユーザーにのみ広告を出稿できる	自社サイトに訪問されていなければインプレッションが少ないため、短期的な集客には向かない	●検討期間が長い商材 ●サイトの訪問者数が多い

検索エンジンからの集客で理想的な状態は、検索結果の上位に居て自然集客が増えることです。そのための対策として、まず「SEO 対策」が頭に思い浮かぶと思いますが、最新の SEO 対策は都度変化している部分もあるため技術的な内容は

集客　151

SEOの専門家や専門書に任せることとします。ここでは、発注者として知るべき情報を押さえておきましょう。

　まずは「どんなキーワードを狙うか」ということです。狙い目のキーワードは、

● 検索需要が多く
● 敵が弱い

キーワードです。これらは自分でもある程度発見することができます。検索需要はリスティング広告のアカウントを作成すれば「キーワードプランナー」などのツールから推定値を得ることができます。Chapter1で紹介した「検索需要の1,000分の1が期待問い合わせの上限値」という目安を参考にしながら、求める問い合わせ数に見合うキーワードを探します。

　一定のボリュームを持つキーワードが発見できたら、敵の強さを測ります。敵の強さは実際に狙っているキーワードで検索をしてみて、どんな企業のどんなウェブサイトが上位を占めているかをよく考察します。業界の中でも有力な企業が上位を独占しており、たくさんのコンテンツ量を保有していて追いつくのは非常に困難だとなれば戦うべき相手ではありません。一方、個人のブログや企業サイトの中でもさほどコンテンツ量を保有していないものが上位を占めているのであれば、チャンスがあります。上位3位以内のウェブサイトと同等以上のコンテンツを用意できるかがひとつの目安となるでしょう。コンテンツの量はページ数やテキスト量、狙ったキーワードの含有率などを測定する外部ツールである程度測定できます。検索需要が多く、敵が弱いキーワードを見つけることができれば有利な環境で戦うことができます。

　また、検索エンジンがどのようなウェブサイトを評価するのかを知る必要があります。近年のトレンドとしては、コンテンツやテキスト量が求められる傾向があります。より多くのページやテキストを価値のある内容で用意し、豊富な文字数を持つことが重要です。もちろんHTML上の記述やサイト構造の作り方での検索エンジン対策もありますが、発注者として必ず押さえなければならないのはコンテンツ量そのものを増やさなければならないということです。

　さらに、検索エンジンの評価として長く変わらない評価軸は、ユーザーにとって本質的に価値の高いサイトが評価されるということです。ユーザーにとって豊富な

情報を的確に得ることができるサイトを目指すことが最終的に順位アップにもつながります。

うまく検索の上位に表示されたとしても、検索の順位が長い間保証されるわけではありません。強い競合が出てきたり、評価軸の変更で順位が大幅に落ちたりする可能性もあります。そのため SEO 対策のみに頼るよりも、確実性の高い集客方法と組み合わせるほうが現実的です。

「リスティング広告」は狙ったキーワードに確実に広告を出稿でき、広告コピーもリンク先もすべて指定することができます。検索需要が多く、敵が強いため SEO が狙えないキーワードにも広告が出稿できます。指定するクリック単価である程度は表示順位をコントロールし、露出を増やしたり減らしたりできるため確実性や操作性の高い集客方法だと言えるでしょう。

「リマーケティング広告」は、今後 BtoB 分野では必須になるでしょう。特にリードタイムが長い商材には向いている広告手法です。ある程度集客の計画が回り出すと、専門媒体やプレスリリースなどさまざまな経路から顧客が訪れます。せっかく自社サイトに来てくれた顧客を再度呼び戻したい場合、従来の仕組みではメルマガに登録するなどアドレスを獲得していなければできませんでした。リマーケティング広告であれば、アドレスを獲得するという高いハードルを越えていない顧客にも再アプローチができるようになります。リマーケティングの土壌ができあがれば、すべての集客の受け皿になってくれます。特にターゲットへのアプローチ方法が限られており、リスティングだけでは検索需要が足りず、広告をたくさん出稿しなければならない場合などに向いている手法と言えるでしょう。他の方法と併せて 2 段構えで広告効果を享受できるようになり、中長期的に見ると費用対効果が上がりやすくなります。

検索エンジン以外のウェブ広告による集客

検索エンジン以外の方法による集客には、表 3-8 のようなものがあります。

業界にもよりますが、一定の市場規模のある業界ではほとんどの場合、「専門誌」や「業界誌」があります。かつては、これらの業界誌への誌面掲載が BtoB の広告のひとつの形でした。今は各業界誌がウェブサイトでも力を付け、専門サイトやメールマガジンを保有している場合がほとんどです。これらを活用して、バナー広告やタイアップ広告、寄稿によるコンテンツ提供などからの集客を狙います。

集客　153

表 3-8 検索エンジン以外からの集客

集客方法	メリット	デメリット	向いている環境
⑤ 業界誌・業界サイトへの サイト広告 (確実性：◎非常に高い)	●狙った業界に対して広告を出稿できる ●ウェブサイト上で継続的に印象付けができる	●掲載する広告ネタが良くなければ反応は薄くなる ●その業界誌がつかんでいるユーザーに限定される	●限られた業界にアプローチしたい ●強い業界サイトがある
⑥ 業界誌・業界サイトへの メルマガ広告 (確実性：◎非常に高い)	●狙った業界に対して広告を出稿できる ●メルマガから短期的な反応を獲得することができる	●掲載する広告ネタが良くなければ反応は薄くなる ●その業界誌がつかんでいるユーザーに限定される	●限られた業界にアプローチしたい ●強い業界サイトがある
⑦ ソーシャルメディア広告 (確実性：○高い)	●フェイスブックでは年齢や性別に絞り込んだ広告出稿が可能 ●新しい手法で広告が実験できる	ユーザーがビジネスユースではない割合がほとんど	●個人で意思決定したり、個人の学びに関連したりする商材 ●コンテンツマーケティングの露出先として活用したい

　近年では、「ソーシャルメディア広告」を活用するパターンも出てきました。特に、個人で意思決定するビジネスや個人の能力を伸ばすための学びに関連する分野など、まだ特定の得意分野に限られる部分はありますが、これから期待される集客方法です。

広告費を使わない集客

　直接的に広告費を伴わない集客方法は表 3-9 のように整理できます。

表 3-9　広告費を使わない集客の方法

集客方法	メリット	デメリット	向いている環境
⑧ 自社関連サイトでの 露出強化 (確実性：◎非常に高い)	コストがあまりかからない	自社のことを既知のユーザーにしか告知できない	●コストが限られている ●自社関連サイトのアクセス数が多い

続く→

154　Chapter3　【戦術編】戦略を実現する作戦を練る

集客方法	メリット	デメリット	向いている環境
⑨ ネットプレスリリース (確実性:△低い)	●プレスリリースを通じて媒体に掲載されると信頼性の高い情報発信ができる ●媒体によっては大きな集客が見込める	掲載／非掲載はプレスネタに依存するため確実性は低く、当たり外れが大きい	●有力なプレスネタができた ●毎年反響の大きいネタがある
⑩ ソーシャルメディア活用 (確実性:△低い)	●メルマガなどのように会員登録がなく、個人に訴えることができる ●自社のファンを新しい形で蓄積できる	●運用し続けなければならない ●配信するコンテンツも魅力的なものが必要になる	●個人で意思決定したり、個人の学びに関連したりする商材 ●コンテンツマーケティングの露出先として活用したい
⑪ グループ会社協力 (確実性:○高い)	●コストがあまりかからない ●グループ力で1社以上のブランドイメージで告知することができる場合がある	●業界や業種の関連性の低い人が多い場合 ●商談化への見込みが薄い	●グループ力が強い ●関連会社が多い ●狙うターゲットがグループ内に存在している
⑫ パートナー企業協力 (確実性:△低い)	●共催セミナーなどイベントと連携しやすい ●協力方式によってはコストがあまりかからない	●協力してもらえるかの確実性は低い ●自社以上の集客力があるパートナーと組まなければ期待値は低い	●パートナーの力が強い ●パートナー企業数が多い
⑬ 自社メールマガジン (確実性:◎非常に高い)	●自社に関心のあるユーザーに告知できる ●広告コストがかからない	●同じ告知内容はできない ●コンテンツそのものが面白くなければ、メールマガジンの読者が離れる	●メルマガの購読者が多い ●メルマガ読者にもメリットのあるコンテンツが準備できている
⑭ 私信メール配信 (確実性:◎非常に高い)	●担当から直接メールをするので開封率やクリック率が高い ●ユーザーから直接返信をもらえる	●担当の手間がかかる ●何度も告知を実施しすぎれば、通常のメールやり取りにも支障が出る	●担当営業のバイタリティが強い ●1対1のやり取りを重視する業界 ●ITが向かない業界
⑮ DM (確実性:○高い)	●自社リストであれば既に接点のあるリストにメール以外の手法でアプローチできる ●リスト購入であれば、新しいリストにチャレンジできる	紙を経由するので反応率が低い	既存顧客向けの特別なキャンペーン、セミナーなど反応が期待できるネタがある

　普段、プレスリリースを活用していない企業には「ネットプレスリリース」も有効な集客手法になります。プレスサービスによって、大規模なメディアが得意なサー

集客　155

ビスから中堅・中小規模の幅広いメディアが得意なサービスもあります。リリース
を打てるネタの性質によって使うべきサービスの見極めも肝心です。

　広告費を使わない集客を狙うのであれば、広告出稿とは異なる難しさがあります。
「広告費」としてコストを使わないということは、露出の量やサイト誘導が保証さ
れていません。そのため、大前提として訴求するコンテンツやキャンペーンの内容
が面白くなくては誘導が確保できず、集客の成果も見込めません。逆にコンテンツ
やキャンペーンに自信があるときには、これらの集客方法でも大きな成果を期待す
ることができます。広告費があまり捻出できないのであれば、コンテンツやキャン
ペーンの企画に頭をひねる必要があります。

　まずは各集客手法の特性を理解し、その時々の状況にあった集客手法の選別がで
きるようにしておくことが大切です。

広告コピーのスタンダード

　ウェブサイト上のコピーが瞬間的に判断されるのと同じように、ウェブ広告の中
で使われる広告コピーも短い時間で判断される傾向にあります。加えて、検索エン
ジンのテキスト広告では文字制限があり、40文字を切るような少ない文字数で端
的に魅力を表現する必要があります。

　ウェブ広告用のコピーが失敗するケースとして、カタログや提案書から抜粋した
ようなコピーをそのままウェブ広告用のコピーとして使おうとしてしまうケースが
あります。

　よくありがちな、

- ●ワンストップでトータルサポート
- ●お客さまの成功が私たちの成功です
- ●高機能であらゆる要望を実現

といったあいまいな表現のコピーでは、短い時間で具体的なメリットを理解できず、
ウェブ広告のコピーとしては適切ではありません。ウェブ広告用に短い時間で端的
にメリットを理解できるコピーの検討が必要です。

　もし、これからコピーを初めて作るのならば、ウェブ広告コピーを考えるもっと

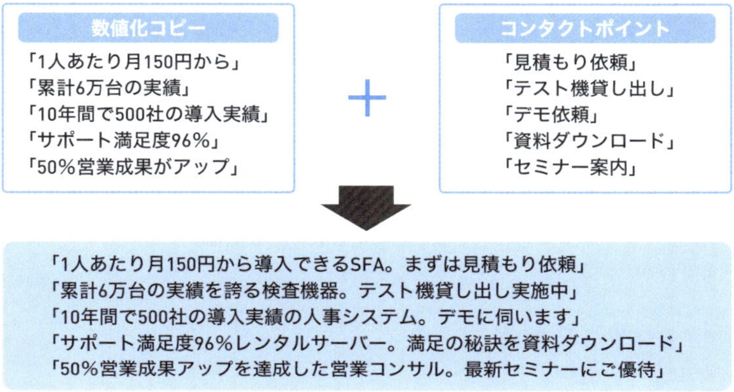

図3-7 数値コピーとコンタクトポイントの掛け合わせ

もオーソドックスな方法である「数値化+コンタクトポイント」を意識するとよいでしょう。ここまでに検討してきたコンテンツの「数字化」と「コンタクトポイント」を組み合わせます。

「数字」と「コンタクトポイント」を組み合わせると、数字が強みをコンパクトに表現し、コンタクトポイントでどんなアクションが起こせるのかを伝えられるようになります。顧客にウェブサイトを訪問することで起こるメリットへの期待を持たせることができます。自社内で数値化できるもの、コンタクトポイントとしてアピールできるものをそれぞれ組み合わせ、コピーの土台としてどれが魅力的か選別していきます。

ただし、競合企業のコピーとの兼ね合いは注意しなければなりません。広告コピーの場合、自分だけがアピールできたウェブサイト上でのコピーと異なり、競合のコピーと併記される場合がほとんどです。特にリスティング広告では、競合の広告と前後に表示されます。実績や歴史など、同じカテゴリーの数字を扱う場合、自社だけで考えていたときは魅力的に感じた数字も、競合のコピーと並べて見たときにむしろ劣って見えるかもしれません。逆に、自社内では魅力的だと感じなかった数字も、競合が積極的に主張している数値よりも大きなアピールができるかもしれません。基本となるコピーができたら、必ず競合との兼ね合いを調査し、総合的に見て自社が有利になる選択をしていくことが大切です。

集客の設計

　集客での理想的な状態は、集客手法ごとの特性を理解し、使い分け、評価し、新しい集客方法が出現すれば積極的に試して、より良い集客手法の組み立てをし続けることです。全体として集客を設計する際に気を付けなければならないポイントはバランスです。

集客特性のバランス配置

　集客方法の特性を整理すると「確実性の高いもの」と「爆発力のあるもの」、また「確実性も爆発力も期待できないがコストがかからないもの」があります。限られた予算の中で計画を練り、きちんと次の計画につなげていくためには集客のコストが理解される最初の期間がとても重要です。いきなり「爆発力のあるもの」にコストをかけて狙い、失敗をしてしまうと、将来同じテーマで予算を取るのはかなり難しくなってしまいます。

　まずは確実性の高いものとコストがかからないものから集客を着実に増やし、成果を出し、集客についての予算をコンスタントに取る環境整備が大切です。一定の成果が出れば、

- ●有力なコンテンツができたとき
- ●大きな予算が取れたとき

などに「爆発力のある集客」を試して、効果を狙うなどバランスの良い集客設計を心がける必要があります。

少しずつでもいろいろな手法を試す

　実際にどの手法にどのくらいの予算をかけるべきかを計画するときには、仮説で論じるよりも実際の数字があったほうがリアリティのある判断ができます。集客がうまく回り出したら、少額でもよいのでいろいろな手法を試すことをお勧めします。

　いろいろな手法を実験する下準備として、コピーやコンテンツへの誘導力が一定レベルを超えていなければ集客手法そのものの評価ができません。そのため、リス

ティング広告のコピーやディスプレイ広告の画像などたくさんのインプレッションで実験ができる媒体で事前に試すことをお勧めします。コピーやコンテンツを経由して一定の CTR やコンバージョンが出せることを証明できれば、コピーやコンテンツ側は成果を出せる状態であることが実証できます。この状態まで来ていれば他の手法でも成功する確率が高くなっており、きちんとした媒体・集客手法の評価ができます。あまり成果が上げられなかったとしても、少なくとも他の手法をリスティングの広告単価と数字で比べられるようになります。まずはリスティング広告を中心とした広告で成果を上げることを目指し、集客の基礎となる数字を積み上げ、実験の基盤を作っておくことが大切です。

今実施している集客手法を振り返ったときに、

- 集客手法を特性に合わせて複数活用できているでしょうか？
- コピーやコンテンツと連動し、集客手法のポテンシャルを活かせているでしょうか？
- 競合との兼ね合いを調査し、自社が有利な集客が実現できているでしょうか？
- 自社への蓄積を意識したメールマガジンやリマーケティングの準備ができているでしょうか？
- 積極的に新しい集客手法を試しデータを取る準備ができているでしょうか？

もし、ウェブサイトの課題を分析したときに、ウェブサイトのコンバージョン率は決して低くないのに人の流入が足りないのであれば、集客の計画は不可欠です。ウェブサイトと集客を切り離してきちんと計画し、継続的に顧客を集められるよう自社なりの集客の組み合わせや評価基準ができあがることが理想的です。

3-7　戦術実行設計の確認

「コンタクトポイント」「コンテンツ」「集客」で見直すべき点、新たにチャレンジすべき点が分かってきたら再度マップに落とし込み、4 つの視点から無理のない計画になっているかを確認していきます（図 3-8）。

戦術実行設計の確認　159

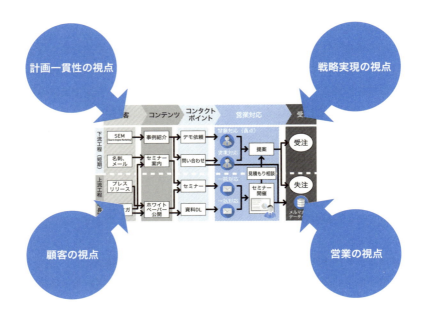

図 3-8　マップ見直しの視点

計画一貫性の視点

最初に現状分析をしたマップに、

- 改善を加える施策
- 新しく加える施策

を加えていきます。

初めに現状施策をマップ化したときに下記のような課題を抱えていたならば、課題を解消できたかを確認していきます。

- 「上流／下流の振り分けに迷う」
  →そもそも意思決定プロセスを意識したコンテンツになっていない
  →新しい施策は上流／下流に迷わず配置できたか？

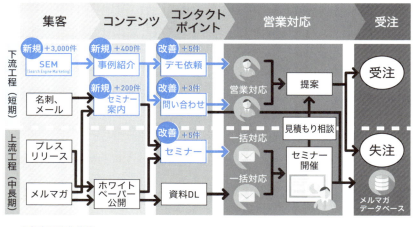

図 3-9　マップの見直し

- 「左に施策が偏り、コンタクトポイントが狭まる」
  →集客はできているものの見合ったゴールがない
  →集客に耐えうるゴールが設定できたか？
- 「コンテンツとゴールはあるが集客のブロックが少ない」
  →ゴールを設けているものの効果的な集客を行えていない
  →効果的な集客施策をバランス良く配置できたか？
- 「上下に施策がばらばらに配置される」
  →一貫した文脈が伝わっていない
  →上流／下流の中で施策間をつなげることができたか？

　足りない部分を補強し、マップの課題が解消されると「個々の施策の目的」と「他の施策との関連性」がはっきりとしてきます。マップとしての精度が高まると、どの部分の流れを改善し、どんな問い合わせを増やそうとしているのかプロジェクトに直接関わっていない人にも分かりやすくなります。さらに、実施施策について、目標数値を入れると、どのくらいの規模で施策を実施し、どの程度の成果を狙うのかも分かりやすくなります。マップ化により不足する要素がないかを確認し全体像を俯瞰できるようにしていきます。

顧客の視点

　顧客の視点で見直したとき、設計を考えたのとは逆の順番で「集客」「コンテンツ」「コンタクトポイント」「営業対応」の流れで体験することになります。顧客が体験する流れで施策を見直したときに、

- ●【集客】
　……各ターゲットに合わせた集客方法、集客コピーで誘導できているか
- ●【コンテンツ】
　……各ターゲットに合わせたコンテンツが展開できているか
- ●【コンタクトポイント】
　……各ターゲットの悩み事を解消できる窓口が揃っているか
- ●【営業対応】
　……営業対応は適切なものか、必要なコンタクトが取りやすいか

といった観点から見直します。

　実際の顧客を想定する方法としては、ターゲットマッピングの4象限で見直し、ターゲットごとに適切な流れが作れているかを確認します。予算を獲得した顧客も、予算がまだ取れていない顧客もいずれから見たときにも自然な流れになっているのが望ましい計画です。

営業の視点

　ウェブサイトから獲得したリードに対して提案を行う営業側の視点でも見直します。実際の営業部門の人にレビューをもらってもよいでしょう。主な論点は、以前の施策群に比べて、

- ●「営業判断がしやすくなったか」
　→見込み度合いの高そうなフォームと低そうなフォームに振り分けがされているか
　→各フォームでの設問が有益な情報をもたらすか

162　　Chapter3　【戦術編】戦略を実現する作戦を練る

- ●「営業対応に無理がない仕組みになっているか」
  - →依頼が来たときに十分に対応できる内容か
  - →営業振り分けルールとの整合性を見たとき問題がないか
- ●「営業資料とのバッティングはないか」
  - →コンテンツと営業手持ち資料との整合性は取れているか
  - →ウェブサイトが営業上の交渉を阻害しない内容になっているか
- ●「営業省力化の工夫があるか」
  - →メールのみで対応できる領域など営業部門内で省力化の工夫があるか
  - →営業支援部門や資料一括送付など営業部門を超えた省力化の工夫があるか

といった視点です。今の仕組みよりも営業対応がやりやすくなる可能性を感じられるかを評価します。営業部門から見ても可能性を感じると評価されればリード獲得後の成果も期待できる計画になっていると言ってよいでしょう。

戦略実現の視点

　最後に、戦略編で狙った戦略を実現できる計画になっているかを判断します。基本戦略のステージアップを狙うのであれば、ステージを上げる要素について重点的に作戦が練られているかを確認します。各要素の目指すべき数値目標に対して十分な改善が見込める計画が練られているかを判断します。

　新しい戦略を目指すのであれば、その戦略に合致した新しい価値を提供できているかを確認します。一足飛びに新しい価値に到達できなくとも、新しい戦略を目指す道筋にあるかを判断します。

　戦略を実現するためには、戦術的な実行計画が優れている必要があります。どんな崇高な戦略もコンテンツの制作や集客手法の選択といったひとつひとつの施策が優秀でなければ到達することはできません。各要素から見直したときに、不足している部分があれば設計を考え直し綿密な計画に練りあげていく必要があります。4つの視点いずれの観点から見ても抜け目ない計画となれば、自信を持って計画を推進することができます。

まとめ

- [x] プロモーションやコンテンツの資産に注目し現状把握を行うこと
- [x] 現状の施策をマッピングし理解しやすくすること

現状把握の後、コンタクトポイントでは、
- [x] 問い合わせを適切にラインナップすること
- [x] 個々のフォームのプレゼンテーション力を高めること

コンテンツでは、
- [x] 商品力から脱却したコンテンツの提供をすること
- [x] コンテンツの文脈を意識した設計をすること

集客では、
- [x] ウェブサイトに適した瞬間的に理解できるコピーを用意すること
- [x] 集客方法の特性に応じたバランスの良い設計をすること

設計後は、
- [x] 「計画一貫性の視点」「戦略実現の視点」「顧客の視点」「営業の視点」から見直すこと

Chapter4

【推進編】成功確率の高い仕組みを作る

4-1 組織間のハードルを越えるための3つの要件

　戦略や戦術を実現しようとするとき、練り上げた構想をプロジェクトとして作業分解し、さまざまな協力を得ながら推進していく必要があります。BtoB分野では、この実行段階での難しさも十分に考慮しなければなりません。営業とマーケティングの役割が混在するBtoB分野のウェブマーケティングにおいては、単一部門だけで企画を推進することが難しく、組織の上下左右に横たわるハードルを越えなければなりません。

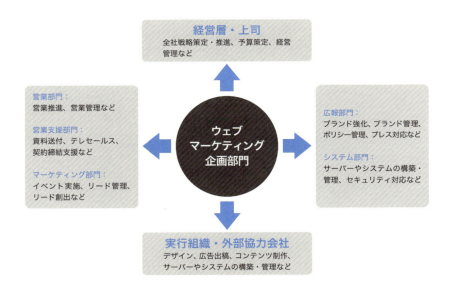

図 4-1　組織を取り巻くハードル

　組織の「上」とは、経営層や上司とのハードルです。予算を獲得する以上は、かけた予算がどの程度の効果を生む可能性があるのかを事前に説明する責任があります。予算を執行した後も、実際にどの程度の費用対効果があり、今後規模を拡大して推進すべきなのか、実行を停止すべきなのかを数字で説明できなければなりません。一方、組織の「下」とは実行組織・外部協力会社とのハードルです。実際に実

行したいプランに対して、共通の目的意識で、かつ高い実現能力を持つ必要があります。大きな戦略の転換を狙うならば、今までの実行組織や外部協力会社では、必要な実行力を持たないかもしれません。実行力がある企画・体制作りも非常に重要になります。

また、組織の「左右」に当たるウェブマーケティングを企画する部門と他部門とのハードルもあります。ウェブマーケティングを使命としていない部門からは、本来業務とは別に限られた時間の中で連携を模索する必要があり、必ずしも協力的な体制でスタートできるとは限りません。営業部門をはじめとした、多くの関連部門の協力を得ながら力強くプロジェクトを推進する必要があります。

ウェブマーケティングの実行・推進には組織の上下左右すべての協力が必要です。どんな崇高な戦略も、どんな緻密な戦術も、実現するためには強靭な実行力が不可欠です。組織のハードルを越え、実行力を高めていくためには、ウェブマーケティングを推進する部門側の準備として3つの要件が必要です。

①小さくても成功を収め、仮説の有効性を実証する

1つ目の要件は、継続的なプロジェクトにしていくためには規模が小さくても成功を収めることです。社内に成功体験が共有されると、次期の予算も取りやすくなり、関連部門の協力を得られやすくなるなど良いサイクルが生まれます。そのため成功できる確率を上げるために、プロジェクトの対象や立て方を工夫する必要があります。

逆に、大きな予算を投じたにも関わらず期待どおりの成果が上がらないと、社内に失敗経験が残り、未来のウェブマーケティングの施策に重くのしかかることになります。大きな変革を狙うとき、トップダウンで仕組みを根本から見直したり、いきなり大きな予算を動かして実行したりしたくなりがちです。しかし、大きな変革をいきなり行うことはあまりお勧めしません。大きな変革を狙えば、うまく行かない部分が出てくると批判的な人の反発もより大きくなってしまいます。批判的な人を説得するには論拠が必要です。そのため狙う戦略やその仮説を小規模でもよいので実際に試し、全社的に反映させた場合の有効性を事前に測ることで、説得力のあるデータが取得でき、大きな変革にも道筋を付けることができます。

組織間のハードルを越えるための3つの要件　167

②実行する計画を誰から見ても分かりやすく提示する

　2つ目は、ウェブマーケティングに関連する部門の人でなくても何を実行しようとしているか分かるように、計画を分かりやすく提示することです。ウェブマーケティングに日々触れている部門であれば、専門用語や実施しようとしている作戦もイメージできるかもしれません。しかし、ウェブマーケティングとは日々無縁の部署からすれば、ウェブマーケティングは難解に見える場合があります。ウェブマーケティングの企画書やサイトマップなど、普段使う資料だけでは計画が理解されにくい場合があります。

　計画がきちんと理解されれば下記のようなメリットがあります。

- ●「課題認識を共有できる」……違う部署や上司との課題認識の共有がしやすくなり、該当するプロジェクトの中に他者の意見を内包していくことができるようになる。プロジェクトに他者の課題を内包するということは、他の部署を巻き込むことになり協力関係を構築しやすくなる。実際に複数の課題について対処することになり、成功とみなされる要件も増え、成功確率も上がる。
- ●「対策範囲を明確にできる」……いろいろな要望が出すぎてしまった場合、すべてを解決するのではなく「今回のプロジェクトで何を狙うのか」ということについても理解されやすくなる。特に小規模な改善の場合、どこに対策のフォーカスをあてるのかをはっきりとさせ、過度な期待を避ける必要もある。

　「分かりにくい」「説明不足」といった状態だと過度に期待値が高まったり、逆に期待値が低すぎて協力が得られなかったりといった状況を招きかねません。狙う企画に応じてプロジェクトの理解を促進する工夫をしなければなりません。

③計画を数字（金額に換算して）で表現する

　最後に、数字で計画が分かる環境を作ることが大切です。「数字で分かる」といった場合、ウェブマーケティングでよく使うPV数やセッション数といった数字をたくさん使うのでは、伝えるべき人に伝わらなくなり、余計に計画が分かりにくくなっ

てしまいます。組織の上下左右の垣根を超えて共通言語になり得るのは、やはり「金額」です。今、ウェブマーケティングの施策がどの程度の売り上げを持っていて、計画した戦略が成功した場合、どの程度の売り上げアップの効果をもたらすのか。受注金額や利益、売り上げ予測など金額にまつわる数字は議論にリアリティを与えます。どの立場の人にも共通する指標で考える土台ができます。

ただし注意しなければならないのは、ウェブマーケティングは最終的な売り上げデータを持っていないケースが多いため、正確な数値を追うことが困難です。そのような環境の中でも予算を獲得し、成功の可否を判断するためには、推算だとしても、なるべく精度の高い数値化・金額化をすることが必要です。

仮に一定の合理性のある金額だと理解されれば、

● プロジェクトの成功可否の判断
● 展示会やイベントといった他の施策との比較
● 今後どの程度投資すべきかの判断

といった、未来につながる議論がしやすくなります。全社的なプロジェクトにするためには不可欠な要素と言えるでしょう。

この Chapter4 では、これら 3 つの要件をカバーするための方策を解説していきたいと思います。

4-2 小さくても成功を収め、仮説の有効性を実証する

小さな成功を収めることは、ウェブマーケティングを成功のサイクルに乗せるために欠かせない要素です。小さな成功を収めるのに適したプロジェクトモデルはどのようなものがあるのか。まずは、ウェブマーケティングにおけるプロジェクトとはどんな形態があるのかを整理していきたいと思います。

小さくても成功を収め、仮説の有効性を実証する　169

ウェブマーケティングプロジェクトの4つの類型

ウェブマーケティングを推進するためのプロジェクトには、大きく分けて表 4-1 のような類型があります。

表 4-1　ウェブマーケティングプロジェクトの類型

計画方法	前提条件	メリット	デメリット
①新規構築／新規導入 新しいウェブサイトや仕組みについて新規に構築したり、導入したりする	実施内容が既存のプロジェクトと切り分けられる	●既存の仕組みの改修がいらない ●真新しい作戦を試しやすい	●過去との比較がしにくい ●既存の仕組みへの影響が少ない
②既存施策の大改造 既存のウェブサイトや仕組みについて全面的に見直す	既存の仕組みを大幅に変えたい	●根本的な改善が見込める ●大きな改善を短期的に狙える	●既存の仕組みを変える労力が大きい ●失敗のリスクも大きい
③既存施策の 　ボトルネック改善 既存の施策の課題となっている点に対策を打つ	現状の問題点がはっきりと分析できている	●計画範囲を限定できる ●結果評価がしやすい	●成果へのインパクトが限定的 ●総合的な課題に対応しづらい
④プロセス一貫テスト 将来の成功モデルを小さな規模で一貫した流れで実験する	まだ成功モデルを模索している	●計画範囲を狭く設定できる ●失敗のリスクを小さくできる	大きな変革は次のステップになる

①新規構築／新規導入

新しいウェブサイトを構築したり、新しいシステムを導入したりすることでウェブマーケティングの活性化を狙います。既存のウェブサイトやプロジェクトと切り分けられていることが前提となりますが、既存の仕組みの改修がいらないため新しい作戦を試しやすいメリットがあります。新製品（製品のバージョンアップ）、新規事業部、新規企画、体制変更に伴う役割変更など組織や製品の変化があるタイミングで取り組むのに向いているプロジェクトモデルです。

主な手法としては、

● プロダクトサイトを別建てする

170　Chapter4　【推進編】成功確率の高い仕組みを作る

- テーマに特化したスペシャルサイトを構築する
- 会員制サイトを新設する

などが挙げられます。

　ただし、構築するのが新しいサイトであるため、過去との比較がしにくいというデメリットがあります。問い合わせが増えたとしても、もし既存のサイトの問い合わせが減ってしまった場合、既存のサイトと需要を喰い合ってしまっただけではないのか？　といった点を考慮しながら慎重に分析をする必要があります。また、既存の仕組みに直接は影響を及ぼさないため、新しい仮説の有効性が実証されたとしても短期的には既存の仕組みへインパクトを与えることができない、という特徴があります。

②既存施策の大改造

　このプロジェクトモデルでは、現存のコーポレートサイトやプロダクトサイト、後ろ側を支えているシステムを全面的に見直し、新しいウェブマーケティングのモデルを推進するための大改造を行います。

　大改造を行うということは、予算や協力を募る人も増えるので、多くの人にコンセンサスを取り、大きなかじ取りが必要になります。そのため、既存施策の大改造を進めるには、現状の課題がはっきりとしており、改造によって得られる期待値が高いことが実証されていることが望ましい姿です。

　大きな改造を狙えば失敗のリスクも高まります。既存の枠組みを変えたくない人からの反発も予想されます。トップダウンで大ナタを振ることができないのであれば、下準備をしっかりと行って計画することが求められます。

　主な手法としては、

- ウェブサイトの全面リニューアル
- MA（マーケティングオートメーション）や CRM システムの全面改訂
- ウェブマーケティング／営業の役割の全面的な見直し

などが挙げられます。

　既存の枠組みを大幅に変える場合には避けて通れないプロジェクトモデルです。

小さくても成功を収め、仮説の有効性を実証する　　171

まだ大がかりな改善を行えそうな環境にない場合は、他の方策で大改造につなげるための仮説、その仮説を実証するデータを揃えていくことが肝心です。

③既存施策のボトルネック改善

既存の施策の課題となっている点に特化をして対策を講じるプロジェクトモデルです。自社のウェブマーケティングの課題がはっきりしているのであれば、オーソドックスなプロジェクトモデルと言えます。

主な手法としては、

- 広告出稿／広告出稿方法の見直し
- コンテンツ制作
- A/B テスト
- フォーム改善（新設や改修）

などが挙げられます。計画範囲がはっきりとしているため問題意識を共有しやすく、成果測定もしやすい傾向にあります。一方で、全社を貫くような大きな成果にはつながりにくいのも事実です。また、対策を講じるべき課題がはっきりしていない段階ではあまりお勧めできません。

④プロセス一貫テスト

プロセス一貫テストという名称は聞き慣れないかもしれませんが、まだ戦略が明確に定まっていないウェブマーケティングのプロジェクトではもっとも成果を上げてきたプロジェクトモデルです。プロセス一貫テストとは、小規模でも構わないので集客→コピー→コンテンツ→問い合わせ窓口→営業連携の流れを一貫してテストする方法です。

主な手法としては、

- 1 つの事業部などを限定した集客→サイト改善→営業連携を一環した実験

が想定されます。イメージとしては図 4-2 のようになります。

172   Chapter4 　【推進編】成功確率の高い仕組みを作る

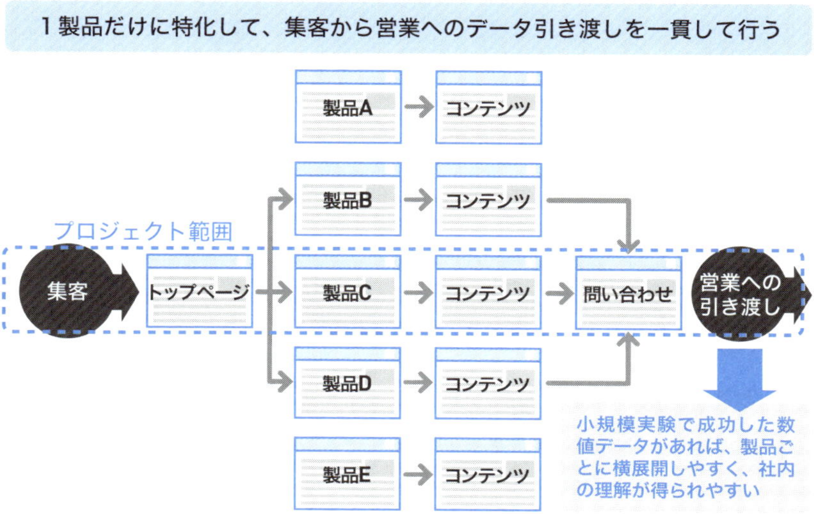

1製品だけに特化して、集客から営業へのデータ引き渡しを一貫して行う

図4-2　プロセス一貫テスト

　これからウェブマーケティングを推進しようと考えるならば、まずプロセス一貫テストで小さな成功を狙うことをお勧めします。特定の事業部に範囲を限定することで予算を抑えるとともに、協力が必要なメンバーを少なくして社内の協力体制を構築しやすくできます。

　事業課題に即したウェブマーケティングを展開したいと思った場合も、1つの事業にフォーカスを当てていれば課題に即した企画が打ちやすくなり、計画がより現場に根差したものになります。小さな規模でも戦略や仮説に即したプロジェクトを行い、小さな成功を積み上げることで他部署や他製品へのモデル展開を画策することができます。

プロジェクトモデルの選定の仕方

　どのプロジェクトモデルを採用するかに当たっては、おおよそ図4-3のように整理できます。

●既存施策の有無……今から検討しようとしているウェブマーケティングのプロ

小さくても成功を収め、仮説の有効性を実証する　173

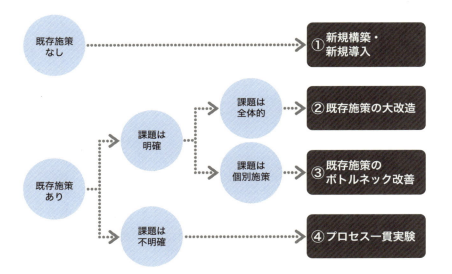

図 4-3　プロジェクトモデルの選択基準

ジェクトに既存の施策があるかどうか。あるなら、既存施策と足並みを揃えて計画を考える必要があるか。

- **課題の明確化**……既存施策がある場合に、施策を見渡したときに課題がはっきりとつかめているか。課題の抽出が的確にできる目処があるか。
- **課題の範囲**……課題を抽出したときに、それらの課題は個々に改善が見込めるものなのか。全社的な改善を必要とするものか。

現状を観察し、どのプロジェクトモデルを採用すべきかの目星を付け、計画の範囲を絞り込んでいきます。

事業部選定の難しさ

プロセス一貫テストを行う場合に対象となる事業を選ぶわけですが、現実的にはいろいろな利害関係からなかなか好きな事業部を選ぶ、ということができません。むしろ1つの事業部に絞り込もうとすると、失敗しやすい事業部を選んでしまう傾向があります。失敗を誘発しやすい事業部選びのパターンとしては、

- 売り上げが一番ある事業部からでないと現場が納得しない
- 売れていない事業部に注力して何とか底上げしてほしい
- ウェブサイトからの受注が好調な事業部をピックアップしてほしい

という要望が出るものです。それぞれの見解に一理あるのですが、ウェブマーケティングのプロジェクトとして評価したときに次のような難しさが待っています。

- 売り上げが一番ある事業部からでないと現場が納得しない
→実績のある営業組織は変化を好まない傾向にあります。営業部門にも会社の売り上げの多くを支えている自負があり、既存の仕組みを変えることに現場の抵抗が大きくなりがちです。既存の仕組みを変えることを肯定するということは、過去のやり方を否定することになります。一番売り上げがある事業部は他の事業部で実績を積み上げて、より良くなる可能性を数字で説明できるようになってから着手するほうが協力関係を得られやすくなります。

- 売れていない事業部を何とか底上げしてほしい
→売れていない事業部には、残念ながら売れていないだけの理由があります。売れていない課題がはっきりとしており、ウェブマーケティングの力を使って解決ができそうであれば対象として適しているかもしれません。課題がはっきりしていなければ、売れていない事業部の場合は十分な実績がないために、いざ事例を作りたい、ノウハウ集を作りたい、ホワイトペーパーを作りたいといったときにコンテンツで苦戦する傾向にあります。コンテンツ面でできる施策が限られてしまうと、実験として計画できる幅が狭くなり、残念ながら成功確率が下がってしまいます。

- ウェブサイトからの受注が好調な部門をピックアップしてほしい
→既にウェブサイトから受注状況が好調な部門は、その製品環境や事業部特有の要件で好調さが成り立っている場合があります。その場合、その事業部でウェブマーケティングプロジェクトが一定の成功を収めたとしても、全社から見れば横展開をできるネタに乏しく、せっかくの成果が大きな改善につながらない可能性があります。やはり、ある程度は全社から見た縮図になっている営業モデルでなければテストケースとして適切ではありません。

小さくても成功を収め、仮説の有効性を実証する　　175

これらのように社内の意見に耳を傾けすぎると、むしろ、ウェブマーケティングとしての成功要件が揃っていない部門が選ばれてしまうこともあります。そのため、プロジェクト範囲を限定して取り組む際に、事業部を選定するポイントは3つ挙げられます。

事業部の選定ポイント①　客観的なデータ、改善可能性から　冷静に判断する

　検索需要、競合状況、プロモーション資産、コンテンツ資産、問い合わせ窓口ラインナップの可能性など、ここまでにご紹介してきたあらゆる面から各事業部を客観的に比較することがベースとなります。そして改善可能性をランク分けし、もっとも改善可能性が高そうなランクから冷静に事業部を選ぶことがポイントです。

事業部の選定ポイント②　協力体制が生まれやすい事業部から選ぶ

　プロジェクトをいくつも経験すると、やはり進めやすい事業部と進めにくい事業部というものがあります。進めやすい事業部は、欲しいデータをすぐに共有してくれ、新しい施策に積極的で、総じて協力的です。そうした協力的な事業部の多くに共通していたのは「危機感」でした。既存の営業やマーケティングの仕組みではだめだと感じている事業部は、どんなに老舗の製品でも協力体制が得られやすい傾向にありました。実績はあるが売り上げがじわじわ減少している傾向にある事業部などは、テストケースに適しているパターンです。

　また、新事業部、新製品を扱う事業部もやりやすい傾向にあります。新事業部は多くの場合、競合環境として後発事業になり、資源も潤沢ではない場合がほとんどです。全社的な実験の一環として、自事業部への支援をしてもらえるということも非常にポジティブに受け止められます。過去のやり方へのこだわりもなく、新しい企画にも積極的です。社内で期待されている新事業にフォーカスを当てるのも選定方法のひとつです。

事業部の選定ポイント③　複数の事業部を並行推進する

　さらにプロジェクト全体の成功率を上げるとすれば、要件を満たす事業部を複数選ぶことが理想的です。もし3つの事業部についてプロセスを一貫した改善がで

きるとすれば、1プロジェクトごとの成功確率を50％と見込んだとしても、3つプロジェクトがあれば85％以上は最低でも1つのプロジェクトを成功に導くことができます。失敗してしまった事業部からも次の戦略につながる仮説が見えれば、さらに納得感も高くなります。

成功確率が高まるプロジェクト範囲の設定をする

ウェブマーケティングプロジェクトを実行するに当たり、

- いきなりリニューアルのみを行う
- 広告のみを出稿する
- コンテンツのみを改善する

といった方法はリスクが高くなります。仮に失敗してしまった場合、失敗の原因を特定しにくく、原因がはっきりとしないまま社内にウェブマーケティングを推進する機運だけが下がってしまいます。

多くの場合、課題は1つではなく複層的です。そういった意味でもプロセス一貫テストはもっとも選択の幅が広いプロジェクトモデルです。仮に大きく仕組みを変更したいとしても一定の実験をしたほうが賢明です。実験からデータを集めることができれば、投資に見合った効果が出せる新しい仕組みを全社的に作るかどうかも判断できます。まずは小さな成功を収め、全社的に反映できる種をたくさん見つけることが大切です。

4-3 プランを 誰から見ても分かりやすく提示する

一般的にウェブサイトの改善を検討する際に、社内へ説明しようとすると、

- サイトマップ／ディレクトリマップ
- デザイン案

プランを誰から見ても分かりやすく提示する **177**

●コンテンツの案・コピー案

などウェブサイトの内容を説明する要素が中心となってしまいがちです。

　ウェブサイトをリニューアルするだけのプロジェクトであれば、これでも十分な情報かもしれません。しかし、ウェブマーケティング全体の戦略を見直したいのであれば、これは十分ではありません。

　本質的に共有しなければならないことは、

●**目指すべき姿の共有**……戦略を変更するのか、戦略の延長を目指すのか、仮説の検証を行うのか。どんな目指すべき姿に向かって、今回のプロジェクトでどのくらいの達成範囲を狙うのか。
●**実施内容の理解**……今回狙う達成範囲に向けて、何を実施するのか。実施する内容は、狙う達成範囲に向けて十分な内容になっているか。各部門と連携する内容、各部門に依頼する内容は何か。
●**数字目標の共有**……将来狙う達成目標は何か。今回の達成範囲として目指す数字は何か。実行内容の各プロセスの成功可否を判断する数字は何か。

などです。これらをなるべく分かりやすいフォーマットでコンパクトに整理し、どんな立場の人から見ても理解できるようにしていくことが大切です。本書でこれまでに紹介したフレームワークを活用しながら整理したいと思います。

目指すべき姿の共有

　目指すべき姿の共有を行う場合、戦略編（Chapter2）でご紹介したモデルの中でどの形が一番近いかを考えるのがもっともシンプルな方法です。
そのうえで、

●現在の戦略を大幅に変更し、大きな変革を狙うのか
●現在の戦略を延長し、成果の拡大を狙うのか
●戦略変更のための仮説の検証なのか

178　　Chapter4　【推進編】成功確率の高い仕組みを作る

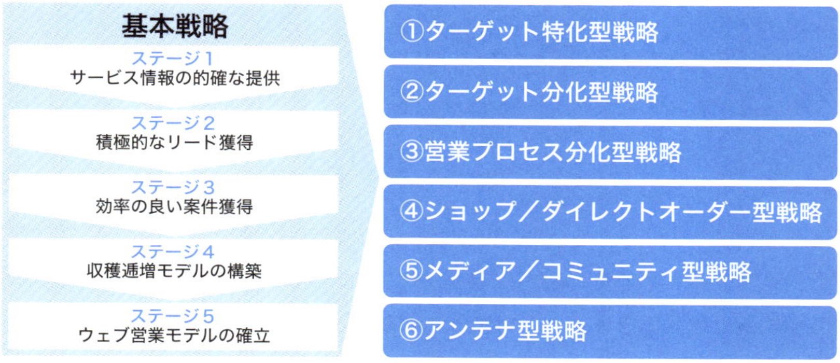

基本戦略	①ターゲット特化型戦略
ステージ1 サービス情報の的確な提供	②ターゲット分化型戦略
ステージ2 積極的なリード獲得	③営業プロセス分化型戦略
ステージ3 効率の良い案件獲得	④ショップ／ダイレクトオーダー型戦略
ステージ4 収穫逓増モデルの構築	⑤メディア／コミュニティ型戦略
ステージ5 ウェブ営業モデルの確立	⑥アンテナ型戦略

図 4-4　戦略のパターン

を明確にすると目指すべき姿が伝わりやすくなります。

　目指すべき姿がはっきりとすれば、おのずとゴールや成果の検証方法もはっきりとしてくるので、今回のプロジェクトではどのラインを目指すのかを明確にすることもできます。

　例えば、

- 「現在の戦略を大幅に変更し、大きな変革を狙う」

  目指すべき姿……「ターゲット分化型戦略」で新しいターゲットの開拓を狙う。

  プロジェクトの目標……1 年以内に新しいターゲットからの売り上げ比率を10％にする。

- 「現在の戦略を延長し、成果の拡大を狙う」

  目指すべき姿……基本戦略のステージ 5 まで到達する。

  プロジェクトの目標……1 年以内に基本戦略のステージ 3 まで到達する。

- 「戦略の構築、戦略の変更のための仮説の検証」

  目指すべき姿……まだ定まらないため、もっとも可能性を感じる「メディア／コミュニティ型戦略」を試す。

  プロジェクトの目標……コンテンツ展開を半年間で 20 コンテンツ以上行い、仮説を 3 年間展開したときの問い合わせ獲得の期待値を測定する。

など、目指すべき姿とプロジェクトの目標を明確にしていきます。

　「目指すべき姿」に加えて、その目指すべき姿に向けてどの地点に布石を打つの

プランを誰から見ても分かりやすく提示する　　179

かによってプロジェクトのゴールが変わってきます。多くの場合、単年度でプロジェクトが中間評価されるため、「プロジェクトの目標」は単年度以内で達成できるラインを表現していきます。

実施内容の理解

目指すべき姿や単年度におけるプロジェクト成果のラインが見えたら、実施する内容を明確にしていきます。これまでに本書でご紹介したツールを活用しながら、実施内容を分かりやすく伝える方策を考えたいと思います。

- ●営業プロセスに大きく影響を与えたい場合
  →営業プロセスへの記入を行う（図 4-5）。

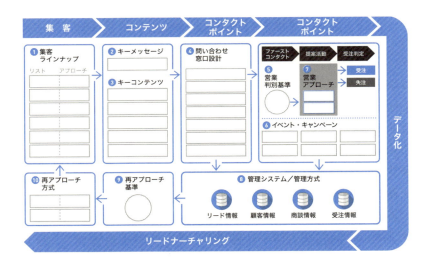

図 4-5　営業プロセスへの実施内容の反映例（Chapter2 図 2-27 参照）

- ●ウェブマーケティング施策の足並みを揃えたい場合
  →ウェブマーケティング基本戦略のステージへの記入を行う
  （図 4-6）。

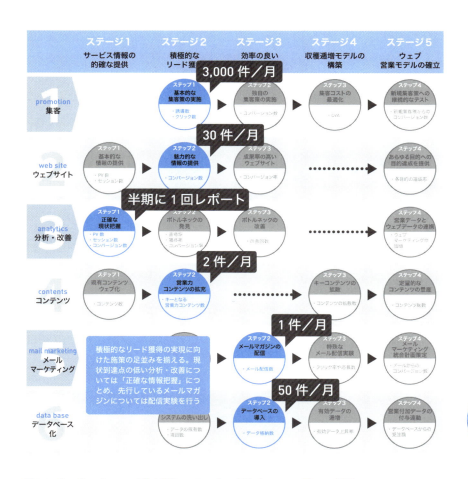

図 4-6　ウェブマーケティング基本戦略のステージへの反映（Chapter2 図 2-35 参照）

● ウェブサイトからのリード獲得の改善を中心に据える場合
　→施策マップへの記入を行う（図 4-7）。

　これらの図をベースとして活用しながら集客、コンテンツ、コンタクトポイント、営業方法、システム、顧客データベースなど、実施する施策の内容を具体的に示していきます。
　そのうえで、各部門と調整をする場合は、「協力依頼範囲」として図に明示すると、より協力依頼内容が分かりやすくなります。「新規実施内容」「改善事項」「依頼事項」

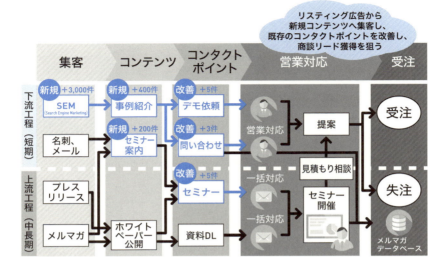

図 4-7　施策マップへの実施内容の反映例（Chapter3 図 3-4 参照）

などを色分けするなどすると、図の説明能力が上がります。

　実際に協力を依頼する部門に実施内容が理解されると、客観的な意見が得られるようになっていきます。ウェブマーケティングを企画推進する部門だけでは得られなかったヒントももらえます。また、具体的な要望が出てくるようなら、それを企画に取り入れることで協力してもらえる確率も高まります。

　もし、他部門から意見をもらった結果、実際に実施する内容が目指すべき姿に足りていない場合には、

- プロジェクトゴールを見直す
- 必要な実施施策を増やす
- 実施手順や方法を根本的に変更する

といった修正手順を経て、どの部門から見ても一定の期待度がある計画にまで持っていくことができればベストな状態です。すべての部門が納得はしなくとも、キーとなるメンバーの合意が作れていれば、協力が得られやすい環境は整います。

数字目標の共有

　数字目標を共有することで、どの程度の成果を目指すのかという度合いが分かるようになります。過小評価では十分な予算獲得や、協力の獲得につながりません。かと言って過度な期待をあおっては、一定の成果が出ていたとしても足かせになる場合があります。大きな変革を狙うにしても、小さな改善を狙うにしても、言葉だけでは共通の理解は作れません。着実に推進できる数字を設定共有することが大切です。

- ●将来狙う達成目標は何か→「KGI：Key Goal Indicator」
- ●今回の達成範囲として目指す数字は何か→「プロジェクトゴール」
- ●実行内容の各プロセスの成功可否を判断する数字は何か
  →「KPI：Key Performance Indicator」

　これら3つの段階で目標が数値化されていることが望ましい姿です。次節のデータ分析と報告フォーマットから、自分たちの環境に合う推算方法を利用していただきたいと思います。

　ただし、BtoB分野では分析の難しさが付きまといます。BtoB分野での分析の難しさには、次の3点があります。

- ●マーケティング活動の成果測定が複数部門にまたがる
- →ウェブマーケティング部門の活動が直接売り上げが上がらないため、複数部門をまたぐデータが必要になります。複数部門をまたぐということは、成果を達成したとしても、貢献度合いが何％ずつと決めることが難しく、1つ1つの活動の評価を正確に行うことが難しくなります。
- ●リードタイミングが長い
- →BtoBの場合、リード化されてから実際の売り上げになるまでに期間を要する場合がほとんどです。高額な製品やじっくりと仕様を詰めなければならない開発商品など商材によっては売り上げが確定するまでに長ければ1年間を超える場合もあり、単年での評価が難しくなりがちです。

プランを誰から見ても分かりやすく提示する　183

●生涯顧客価値判断

→一定のリードタイムの後、受注額が分かったとしてもそれで終わりではありません。少額案件で信頼を獲得してから、ようやく大きな仕事がもらえるケースもあります。特に、少ない顧客が大きな売り上げを上げるような業界では、未来の重要顧客を見つけることが大切です。単純な、顧客平均計算だけでは測れない奥深さがあります。

いずれの要因からも単一の施策を正確に評価こと自体が難しく、ある程度は推定で判断をしていく必要があります。

4-4 ウェブマーケティングの分析・評価

目標の算出をするに当たっても、個々の施策の成功可否を判断するに当たっても分析は不可欠です。BtoB分野ではそもそも分析の難しさを抱えているため、ある程度推定して判断をしなければならないとしても、説得力のある数字が必要です。過去に実施した分析の中から説得力が高かった方法を紹介したいと思います。

ウェブマーケティングの価値推定

数字で議論をしようとするとき、金額による評価がもっとも共通言語になりやすい数字だと言えるでしょう。社内のあらゆる意思決定の際の要になります。もちろん、ただ金額化すればよいのではなく、確からしい数字、説得力のある数字が必要です。まずは、今実行している施策にどのくらいの資産価値があるのかを測るところがスタートラインです。

例えば、ウェブサイトにどのくらいの価値があるのかを推定していきたいと思います。

ウェブサイトの価値推定

ウェブサイトの価値を判断するには、

- ウェブサイトからどのくらい商談を獲得できているのか
- 商談1件当たりどのくらい売り上げが期待できるのか

が不可欠です。

　ウェブサイト上に商談用の問い合わせしかない場合は、これらの掛け算だけでもおおよその価値が分かります。資料ダウンロードやメールマガジン読者の獲得など、リードナーチャリングの施策を並行させている場合はこれらの評価も合算する必要があります。それぞれの評価について、説明します。

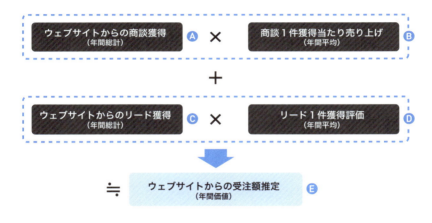

図4-8　ウェブサイトの金額価値

「ウェブサイトからの商談獲得」（図4-8 Ⓐ）

　ウェブサイト経由で新しい商談が獲得できた件数です。よりデータ精度を高めるための注意点として、以下のようなものがあります。

- 売り込みやパートナー依頼のリードは省く
- 重複問い合わせなどがないかリード内容をチェックする
- ウェブサイトを見て電話をした人をなるべく含める

　ウェブサイトを見た人かどうかについては、ウェブサイト専用の電話番号を記載

する、SFA に " ウェブサイト閲覧あり " と履歴を残してもらうなど、工夫次第では測定が可能です。

「商談 1 件獲得当たり売り上げ」（図 4-8 Ⓑ）

　ウェブサイトから商談があった場合の 1 件当たりの売り上げ実績。以下の式で求められます。

昨年度のウェブサイトからの商談による売上合計÷昨年度のウェブサイトからの商談数

　よりデータ精度を高めるための注意点として、以下のようなものがあります。

● 期間を揃える
　　→ 1 年間の獲得商談に対して、
　　①今期の商談の成果が追えない部分は、前期からの仕掛りの商談で補う
　　②平均的な商談期間の分、昨年度同期間分を繰り上げる
　　などすることで、獲得と売り上げの期間を揃える。
● 大型受注、少額受注の数字の影響度を下げる
　　→平均データを計算したときに、過度に大きい受注や少額の受注が入ると、その数字の影響を過度に受けてしまうため、
　　①平均から 80％以上、20％以下は外してデータをクリーニングした後、再度平均を取る
　　②中央値を取る
　　③最頻値を取る
　　など、企業・事業ごとになるべく納得度の高い数値を定める。
● 生涯顧客価値をどのように判断するか検討する
　　→生涯顧客価値を価値の判定の中に入れるかについて、
　　①そもそも入れない
　　②単年度内のリピート受注だけを入れる
　　③過去データの計算を行い、平均維持率・平均再受注単価などから推算する

「ウェブサイトからのリード獲得」（図 4-8 **C**）

すぐに商談にはならないが、コンタクトが取れるようになったリード数です。
よりデータ精度を高めるための注意点として、以下のようなものがあります。

- ウェブきっかけのリードとしてどこまで含めるかを決めておく
  →例えば、
  ①メールアドレスのみでもリードとする
  ②企業名、役職、電話番号まで含めて初めてリードとする
  ③これらをランク分けする
  などの方針を決めておく。
- 名寄せやクリーニングを行う
  →リードは長期間保有していると部署変更、メールアドレス変更、退職・転職
  などが起こるため、同じ人を統合したり、不要になったデータを削除したりする。
- リード獲得期間による減算をするか？
  →リードを獲得してから、
  ①長期間具体的なアクションを行っていない
  ②長期間アクションに対する反応がない
  という場合は、同じ 1 件のリードでも価値が異なるため、1 年経ったデータは
  減算するなどの処理を検討する。

「リード 1 件獲得評価」（図 4-8 **D**）

リード 1 件を獲得するのにかける費用（計算①で算出）、もしくは期待できる売
り上げ（計算②で算出）からリードを評価します。

計算① 【他の方法によるリード獲得単価との比較】

リードナーチャリングからの実績が乏しい場合は、

- 展示会でのリード獲得単価と比較する
- セミナー開催でのリード獲得単価と比較する
- DM 会社でのリード購入単価と比較する

ウェブマーケティングの分析・評価　　187

など、他の方法からのリード獲得単価から評価を行うほうが合理的です。

　よりデータ精度を高めるための注意点としては、

　　● 実際に価値が近そうなリード獲得単価と比較を行う

ということが挙げられます。例えば、DM会社での代表電話番号の購入リードとウェブサイトを見たうえでのメールマガジン登録では価値が異なります。購入リードをより正確な評価に近付けるために「アポイント率」や「セミナーへの誘導率」などからリードの質の比較を行い、価値が近そうなリードの単価を参考にするのがよいでしょう。

計算② 【リードナーチャリングから期待できる売り上げ÷保有リード数】

　リードナーチャリングに実績がある場合は、直近のリード獲得期待売り上げを利用します。

　よりデータ精度を高めるための注意点としては、

　　● 過去の実績から算出する
　　● 1年スパンの平均値を用いる

などが挙げられます。

ウェブサイトの価値を試算する（図4-8 **Ｅ**）

　これら4つの数字を揃えることができれば、ウェブサイトに一定の評価を与えることができます。もし、年間300件の案件が創出されていて、1件当たり30万円の売り上げ期待値があるのであれば、9,000万円分の案件を創出する機能を持っていることになります。加えて年間500件のリードが獲得できており、1件当たり2万円の評価ができるとすれば、1,000万円分の受注期待値があり、合算して1億円分の機能を持っていることになります。

　初めての試算を行うときは、おおざっぱにでも金額化を行い、議論の土台に上げることが大切です。事業部ごとに、平均受注単価に大きな差がある場合は、事業部

ごとに算出し、足し上げて全体を試算することでより納得度が高まります。

費用対効果の算出

さらに、費用対効果を分析するのであれば、

- 総費用
- 営業利益率または広告宣伝費率

を算出できれば測定することができます。

「総費用」（図 4-9 F ）

ウェブサイトにかかわる広告コスト＋運営コストで求められます。
よりデータ精度を高めるための注意点としては、

- サーバーやシステムに関連する費用を含めて考える

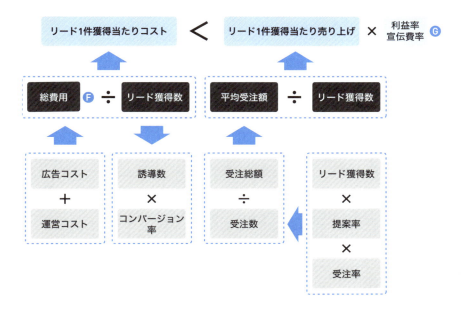

図 4-9　ウェブマーケティングの費用対効果

ウェブマーケティングの分析・評価　　189

● 人に関する費用の捉え方を決める

→ 兼任の場合、部門間協力の場合、按分比率なども踏まえて考える。

ということが挙げられます。

「利益率・宣伝費率」（図 4-9 🄖 ）

すべての売り上げを投資に回せるわけではないため、ウェブマーケティングに投資してよい比率を決めます。参考になるのは、企業全体での利益率であれば損益分岐点ぎりぎりまで投資する計算です。全社の費用に占める広告宣伝費の率を活用すれば、広告に対する費用対効果での評価ができます。

よりデータ精度を高めるための注意点としては、

● より社内納得度の高い比率に着目する

ということが挙げられます。

費用対効果を試算する

仮に 30 万円の売り上げが期待値としてあったとしても、30 万円がすべて費用として使えるわけではありません。そのため、売り上げのうち、どのくらいが広告やシステムなどの投資に使えるかという視点が必要です。少なくとも利益率（営業利益率）をかければ、ウェブマーケティングの損益分岐点の参考になり、ウェブマーケティングに使ってよい金額が分かります。仮に利益率が 7％とした場合、30 万円×7％なので 2 万 1 千円がリード獲得にかけてよいコストということとなります。これは広告を出稿する際の参考数値になります。

この「リード獲得コスト」よりも「リード獲得売り上げ×利益率」が超えるようであれば、投資するほど売り上げが期待できる収穫逓増の状態になります。そこまで来れば本格的なリード獲得体制が整ったと言ってよいでしょう。

リードナーチャリングの価値推定

同様に、顧客データベースがどのくらいの価値を現時点で生んでいるのかを知ることも大切です。

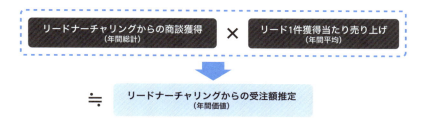

図4-10　リードナーチャリングの価値推定

　メールマガジンや会員サイトをはじめとするリードナーチャリング施策は、もともと中長期施策の側面があります。そのため、短期的に価値判定をしすぎるよりも1年間、2年間など長いスパンで平均を取ることが大切です。過度に短期売り上げを重視すると、メルマガでの売り込み要素が強くなってしまい、逆に読者離れを招いたり、キャンペーン要素の強いイベントが誘発されたりして、本業の価値を下げてしまう場合があります。

　もともとの狙いに合わせた期間で分析をしていかなければ、本来の目的を逸脱してしまいかねません。実際の期間に関しては、業種・商材により差が大きいため、自分たちの過去の商談経験をもとに既存顧客からの再商談の平均的なリードタイムが分かっていれば、それがひとつの指標になります。

　リードナーチャリングの大まかな価値が分かれば、ウェブサイトへの費用対効果と同じように費用から算出し、費用対効果の分析ができるようになります。特に、リードナーチャリング施策では、セミナーやキャンペーンとの連動がリードからの売り上げを大きく左右します。何もしなければ管理費用がかかるだけで、何の売り上げも生み出しません。

　「リード資産の価値を高めるためのアクション」にも目を向け、そうしたアクションを積み上げることができれば、総合的な費用対効果が上がり、リードナーチャリングの側面からも収穫逓増モデルができます。

現状の資産価値を数字化し、未来の数字を予測する

　「ウェブサイトの価値」「リードナーチャリングの価値」がそれぞれどのくらいの資産価値があり、将来どのくらいの価値に拡大できるのか。現状の資産価値を念頭に置いたうえで、未来の予測をすることで納得感が得られるようになります。

- 現在の 1.5 倍の価値にしたい
- 現在の費用を半分に抑えたい

など、現状数字への納得感があれば、未来の数字への説得力にもつながります。

分析報告フォーマット

データがたくさんあると、たくさんの分析ができると思ってしまいがちです。特に、ウェブマーケティングは数字がたくさんあり、慣れないうちはデータの取捨選択に迷うほどです。

改めて考えていただきたいのは、あくまで分析は、目的があって行うということです。目的に必要なデータが集まれば十分な情報量を持ちます。BtoB 分野の場合、分析結果からの発見が莫大な売り上げを生むようなことはめったにありません。データ過多な時代だからこそ、分析そのものに時間をかけすぎずに、クリティカルな分析を心がけるべきでしょう。オーソドックスなアクセスログ分析はさまざまなノウハウが公開されていますので、本書ではデータ分析の目的にフォーカスが当たるよう、報告フォーマットから考えることをお勧めしたいと思います。

BtoB ウェブマーケティングの分析の目的は主に下記に集約されます。

①全体報告のための分析……施策全体としてどのような結果を生んだかを明らかにし、評価する。

②施策評価のための分析……個々の実施施策がどのような結果を生んだかを明らかにし、評価する。

③モニタリングのための分析……日々遂行している施策にどのような変化があるかを捉え、確認する。

④課題発見のための分析……現在行っている施策のボトルネックを発見し、改善の指針を得る。

それぞれに報告フォーマットの例を紹介したいと思います。

①全体報告のための分析

　全体としてどんな目的を達成したいか、どのくらいの目標を達成したいかを説明するための分析フォーマットです。特に経営層への報告には適しているフォーマットと言えるでしょう。最終目的が分かりやすいだけでなく、大局的に見たときにどのようなプロセスで達成しようとしているのか、全体像がつかみやすくなります。

　"ファネル"とは漏斗の意味です。上から水を流すように顧客が流れ、対策を経るたびに実際に受注につながる顧客が絞り込まれていくイメージです。左に現状の数字、右に未来の数字を記載するとBefore → Afterが分かりやすくなります。

　対策を行う階層ごとに、目標数字を現状→目標として表記します。

　初めの階層は、実際に人をどれだけウェブサイトに連れて来ることができたかという層です。アクセスログからセッション数やユニークユーザー（UU）数を計測します。

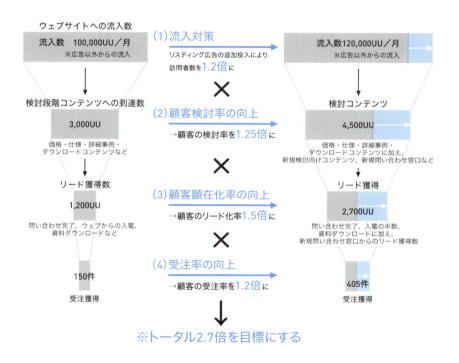

図4-11　ファネルによる報告フォーマット

2つ目の層は、ウェブサイトに来た人が価格や詳細事例などより深い検討段階を想定したコンテンツをどのくらい見てくれたかという層です。事前に検討率が高いと判断したコンテンツのユニークユーザー数を測定します。

　3つ目の層は、どれくらいの人数が問い合わせやアドレスの獲得につながったかという層です。実際に獲得したリード数やメールアドレス数を合算します。

　4つ目の層は、どれくらいの顧客が受注につながったかを営業データから計測します。この場合、正確には計測期間が合わないかもしれませんが、3つ目の層で発生したリードごとに、受注／失注／進行中のランクを付け、つながりのあるデータで分析できることが理想的です。

　どこか1つの層に対策を打つのであれば、その階層に変化率の目標を入れます。すべての層に対策を打つのであれば、階層ごとに変化率の目標を入れます。各階層の変化率を入れることができれば、最終成果である売り上げにどのくらいの影響を与えることができるのかを試算することができるようになります。図4-11では受注数を最終目的にしていますが、平均受注額が分かっていれば金額に換算して目標設定することも可能です。

　さらに、集客の要素を強く入れたいのであれば、流入数の上に「認知拡大」の層を入れます。インプレッションやメール配信数など、情報を認知するための対策を評価します。また、リードナーチャリング側の要素も入れたければ、受注よりも下

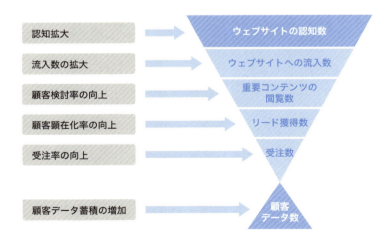

図4-12　ファネルの階層化の例

型にさかさまの三角形を置き、データが溜まった数を入れていきます。狙う作戦に合わせてファネルの階層を選択することで、ウェブマーケティングに関連する全体的な活動を捉えられるようになります。

②施策評価のための分析

実施した施策を個々に評価するための分析フォーマットです。広告評価、コンテンツ強化、回遊率改善など目指した効果が個別にうまくいっているのかを数字から整理します。ウェブマーケティングに関連する部門内で施策の成功可否を判断するのに向いているフォーマットです。

施策が1行になるように記載をします。その際、ファネル分析のフォーマット（図4-11参照）と組み合わせると内容が整理されやすくなります。さらに施策を「量を増やすためのアクション」「率を高めるためのアクション」に大別すると分かりやすくなります。各行でKPIを構成する要素を明確にし、評価するための数値デー

KGI	プロジェクトゴール	改善施策	KPI
40社／年受注	20社／月リード獲得	PV向上（1.1倍：オープン3か月）	対象ページの総数
		トップページからの誘導強化	referrerのうち、トップページのもの
		事例ページからの誘導強化	referrerのうち、事例ページのもの
		他商品からの誘導強化	referrerのうち、他のディレクトリのもの
		新規コンテンツの強化	新規コンテンツのPV
		規模別の価格ケーススタディ	対象コンテンツのPV
		総合実績	対象コンテンツのPV
		セミナー案内	対象コンテンツのPV
		検索エンジンからの誘導強化	検索エンジンからの誘導数
		ページの増加	検索エンジンからの誘導対象ページ
		キーワードの増加	検索エンジンからの誘導ワード
		直帰率・離脱率の低下（5POINT改善：オープン3か月）	
		トップページでの視認性の向上	トップページの直帰率
		問い合わせ窓口の配置転換	問い合わせへの誘導率
		関連情報の的確な配置	他ページへの誘導率
		ナビゲーションの改善	離脱率の低下
		グローバルナビゲーションの改善	グローバルナビゲーション利用率
		サービス内ナビゲーションの改善	サービス内ナビゲーション利用率
		検索窓口の改善	検索窓口の利用度
		検索窓口への誘導改善	検索窓口への到達度
		検索結果表示改善	検索結果到達後のページ誘導率
		コンバージョン率の向上（1.3倍：オープン3か月）	
		問い合わせ窓口の改善	問い合わせへの誘導率
		配置の転換	
		問い合わせのメッセージ性向上	
		見積もりの分化・改善	見積もりフォームへの誘導率
		資料ダウンロードの分化・改善	資料ダウンロードフォームへの誘導率
		料金の分かりやすさ改善	

図4-13　施策別KPIによる報告フォーマット

ウェブマーケティングの分析・評価　　195

タを規定します。

ファネル第1階層（流入対策）

　集客施策をラインナップし、量的な面を増やすアクションと質的な面を改善するアクションに整理します。

【量】

- ● SEO の順位アップ
- ● リスティングの露出強化
- ● 広告出稿の増加
- ● メール配信量の増加

【率】

- ● meta contents の見直し
- ● コピーの見直し
- ● 広告ランディングページの見直し
- ● メール文面の見直し

など。

ファネル第2階層（顧客検討率の向上）

　ウェブサイトに訪れた人をより深い検討段階に導き、問い合わせやメールアドレス獲得につなげるための施策を整理します。

【量】

- ● 新規ニュースの配信
- ● 新規コンテンツの追加
- ● 製品説明ページの増強
- ● スペシャルサイトの新設

【率】

- ● ナビゲーションの見直し
- ● 関連ページへのリンク強化
- ● 離脱率の高いページの見直し
- ● 検索機能の性能強化

など。

ファネル第3階層（顧客顕在化率の向上）

　問い合わせフォームに到達する人を増やし、問い合わせ完了までアシストする施策を整理します。

【量】

- 新しいコンタクトポイントの新設
- 簡易なコンタクトポイントの新設
- ダウンロード資料の増強
- メールアドレス獲得手段の拡大

【率】

- 問い合わせへのリンクボタンの改善
- 問い合わせフォーム内でのプレゼンテーション強化
- 無駄な設問の削除
- フォームでのテクニカルな問題点の解消

など。

ファネル第4階層（受注率の向上）

　主に営業部門や営業支援部門でウェブサイトからのリードに対して受注数アップの仕組みを整理します。

【量】

- 営業人員の増強
- 営業支援部門のマンパワー投入
- テレマーケティングなどの外部組織活用
- イベント実施による一括対応

【率】

- キャンペーン実施
- 営業支援部門からの資料送付支援
- アポイント率アップのコンテンツ制作
- 提案率アップのための提案書定型化

など。

ウェブマーケティングの分析・評価　197

こうすることで、実施するアクションが目的別に整理され、どの数字と連動しているかが一目瞭然となります。個々の施策レベルではすべてが成功するわけではないため、2～3割の施策がうまく行かなかったとしても、全体として目標を達成できるように施策を検討することが大切です。事前にこのようなKPIシートをファネル分析と合わせて整理をすると、目標数字に対して妥当な計画が練られているかをチェックすることができます。

③モニタリングのための分析

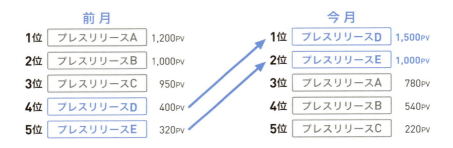

図4-14　モニタリングのための定点報告フォーマット

　定点観測したいものを分析するためのフォーマットです。常にチェックしておきたい数字が捉えやすくなるようにレポートを作成します。知りたい情報ごとにフォーマットを検討し、定型化して定点観測を行います。

- ヒットしたプレスリリースはないか？
  - →プレスリリース別の誘導数
- 普段よりも急に見られるようになったコンテンツはないか？
  - →コンテンツ別のPV数
- 取引のない企業からの閲覧数が急に増えていないか？
  - →企業別PV数（次節にて解説）
- 急に問い合わせが増えた製品がないか？
  - →製品別問い合わせ
- 競合の台頭で急に受注率が落ちていないか？

→製品別受注率
- メールの購読率が急激に落ちていないか？
　　→メール別購読率

　モニタリング分析ができるようになることで、日々の変化に気付きやすくなり、日々の運営に必要な視点を得られるようになります。

④課題発見のための分析

　次の施策を検討するために改善活動を行うための分析フォーマットです。今のウェブマーケティング施策のボトルネックになっている部分を発見し、改善の仮説を見つけていきます。
　ボトルネック分析はステップを分け、主に率に注目します。

- 広告のクリック率
- トップページの直帰率
- フォームへの到達率
- コンバージョン率
- 提案率
- 受注率

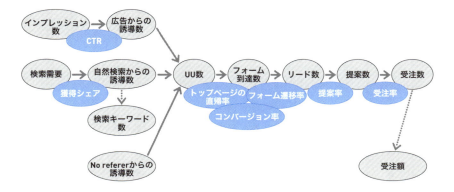

図 4-15　ウェブサイトからの受注獲得で見たボトルネック

などの率が課題を発見するための数字です。

そのほか、ボトルネックを発見するための対象を、

- 営業プロセス全体にフォーカスを当てた場合
- リードナーチャリングにフォーカスを当てた場合

などを変えるとフォーマットも変わってきます。

　率が悪いところは改善の余地がありということになりますが、対策を打つためには人的・金銭的コストがかかるため、なるべく効果的な改善箇所を見つけることが

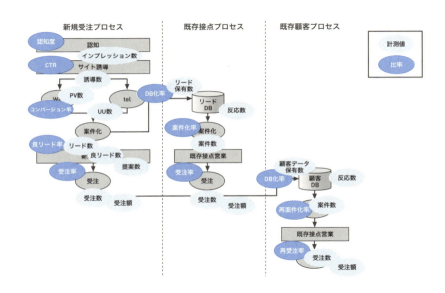

図4-16　営業プロセス全体にフォーカスを当てたボトルネック分析

図4-17　リードナーチャリングにフォーカスを当てたボトルネック分析

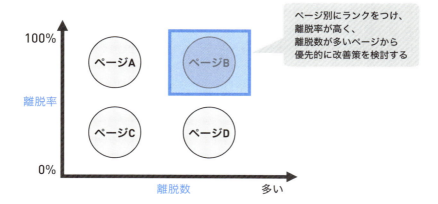

図 4-18　課題発見のための分析（離脱率・離脱数分析）

大切です。率と数をクロスして対策の優先度を判断していきます。

　例えば、「離脱率」に対象を絞ったものが図 4-18 です。率が高く、数が多いということは改善の期待値が大きいということになります。Bの領域に入るページから優先的に改善を行い、より大きな改善を目指します。改善数の見込みが推算できれば、先に挙げた分析フォーマットのKPIシートおよびファネル分析に反映させることで、実際の成果への連動性を数字で示すことができるようになります。「離脱率」以外の率に関するデータについても、率と数の両面から分析することで改善見込みの高いデータを発見することができます。

BtoBならではのアクセスログ分析

　BtoBならではのアクセスログ分析要素として、Chapter2でも触れたIP情報による企業名分析があります。IP情報から企業名／企業情報を判別し、既存のデータと組み合わせることにより新しい知見が得られるようになってきました。そのため、新しい分析目的「⑤営業支援のための分析」として、IP情報から営業活動に役立つデータを抽出し、営業の支援を行うことができるようになってきています。

　IP情報からの企業分析ができるようになると、関連部署への説明能力や説得力が劇的に向上します。関連部署の協力が不可欠なるBtoB分野においては今後、必須となる分析と考えてよいでしょう。

IP情報と既存データのクロス分析

IP情報と既存データをクロス分析することで、これまで分からなかった状況までもが見えるようになってきます。

● IP × PV

企業別PV数を取得し、ウェブサイトに来ている訪問者を企業別にPV数を測定します。既に商談や取引のある企業に色を塗ると、営業現場にも刺激のあるデータ提供ができます。

企業名	累計PV数
A社	324
B社	285
C社	263
D社	152
E社	132
F社	120
G社	98
H社	64
I社	32
J社	26
K社	23
L社	18
M社	17
N社	15

図4-19　IP × PV分析の例

● IP ×広告

広告媒体ごとにランディングページを分け、ランディングページごとに企業情報を見ます。同じ1,000PVだとしても、大企業が多い1,000PVなのか？　狙った業種が多い1,000PVなのか？　など、内訳を評価することができ、広告媒体の適切な評価につながります。

● IP ×特定カテゴリPV

例えば、事例コンテンツを予算別に分けることで、どの予算帯がどの企業に見られているかが分かるようになり、予算推定のヒントとなる情報が得られます。また、経営者向けのコンテンツを作れば、どの企業が経営者向けコンテンツを読んでいるかが分かり、予算権限を持つ人のヒントがつかめるようになります。

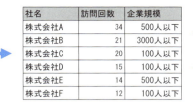

社名	訪問回数	企業規模
株式会社A	34	500人以下
株式会社B	21	3000人以下
株式会社C	20	100人以下
株式会社D	15	100人以下
株式会社E	14	500人以下
株式会社F	12	100人以下

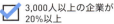 3,000人以上の企業が20%以上

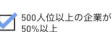 500人位以上の企業が50%以上

社名	訪問回数	企業規模
株式会社A	24	100人以下
株式会社B	22	100人以下
株式会社C	20	500人以下
株式会社D	19	100人以下
株式会社E	17	500人以下
株式会社F	16	100人以下

✓ 100人以下の企業が80%以上

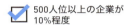 500人位以上の企業が10%程度

図 4-20　IP ×広告分析の例

- IP ×離脱

離脱数の多いページの IP を分析すれば、どんな企業にそのコンテンツが受けなかったのかが分かります。事例コンテンツやホワイトペーパーなど、同じ 500PV でもどんな企業が閲覧し、離脱してしまったかが分かります。企業規模などとクロスすれば、大企業に受けたコンテンツなのか、中小企業に受けたコンテンツなのかの評価もできるようになります。

- IP ×問い合わせフォーム

問い合わせの遷移ステップごとに企業名を解析することで、問い合わせフォームまで至ったものの問い合わせが行われなかった企業が分かるようになります。もし問い合わせフォームに電話番号の記載などがあり、電話で商談が進展していればチャンスロスをしていないことが分かります。逆に、問い合わせフォームまで来たものの商談化していない企業が分かれば、問い合わせする直前まで行ったものチャンスロスをしてしまった企業リストを作ることができます。

- IP ×検索データ

サイト内検索がうまく設定できていれば、検索キーワードと企業名をクロスすることで、その企業がどんな検索をサイト内で行ったかが分かるようになります。企業規模や業種別に悩み事の傾向をキーワードレベルでつかめるようになります。

- IP × DB

既存顧客データベース（DB）やCRM情報とウェブサイトから獲得したIP情報を比較することで、リアル営業とウェブ営業のギャップを分析することができます。共通部分が多ければ、非常に連動性が高いと言えます。逆に共通部分が少なければ、互いに独立して顧客開拓活動ができていることが分かります。狙っている戦略の実現度合いを判断する指針になります。

このように、企業情報がもたらす新しい分析は、営業現場にヒントを与えたり、営業戦略の進捗度を測ったりするうえで有用なデータをもたらします。これらの気付きをウェブマーケティングや営業情報に生かさない手はありません。

ただし、どのIP情報による企業名判別サービスを活用するとしても、共通して下記のポイントに注意しなければなりません。

- **企業名の判別率は100%ではない**

IP情報はあくまでウェブサイトにアクセスするネットワークIPから推算しているもので、新しいIPやIPが分散されている場合など企業名の判別率が100%になることはありません。IPサービスにより判別精度も異なります。

- **新規開拓先のみでなく既存取引先も混ざる**

取引先が地図情報を確認したり、営業活動を受ける側の情報も含まれたりするため、企業名を単純に判断するのではなく有力企業か否かの切り分けが大切です。検索のクロールが情報に残る場合もあり、不要な情報のクリーニングは慎重に行う必要があります。

- **グループ企業などは同一のIPになることも**

ネットワークIPを共有している場合、データ上は同じ会社として扱われてしまいます。グループ会社内のどの会社かなどは判別できない場合があるため、大企業からの訪問は過度に期待しないほうがよい場合があります。

- **大学などは学生が混ざることも**

学生などが大学のネットワークからアクセスをすると大学名が残ります。大学を対象にするサービスなどは非常に分析が難しくなります。特に、就職活動時期などは学生のアクションが活発になり、その傾向が強くなります。

●中小企業は判別しにくい

IP情報と企業情報の紐付けは、主に人力で更新されているためIPサービスによってどのくらいの中小企業まで企業名判別ができるか異なります。特に、中小企業は数が多いため、中小企業向けのサービスを展開しているのであれば、中小企業の判別率が高い企業名分析サービスを利用する必要があります。

また、企業名分析サービスによって企業情報として付与できる情報の幅が変わります。企業名だけでなく、企業規模（従業員数など）、業種、代表連絡先、代表メールアドレスなどサービスによっては幅広いデータが取れるので活用の幅が変わります。幅広いデータが欲しい場合は、企業DBを既に持っている企業に一日の長があります。

つまり、実際のサービスを選ぶときは、

●モデル企業を設定し、実際に取得できるか
●実行したい活用モデルを実現できるか

がカギになります。

将来的にはIP情報による企業名判別を利用した分析だけでなく、判別した企業名に合わせてウェブサイトが切り替わるIPターゲティングが実験されていくことになるでしょう。実際にそういう試みは始まっています。個人情報を気にするBtoCサイトよりも、BtoBサイトのほうがパーソナライズが幅広く普及する可能性を秘めています。IP分析を実践し、さまざまなノウハウを蓄積していればいるほどIPターゲティングを有効に活用できるはずです。まだ、IP分析を始めていないならば、来るべきIPターゲティング時代のウェブサイトに向け導入の検討をお勧めします。

分析の目的は詰まるところ、アクションである

自社の状況に合わせた報告フォーマットを使うことで、「数値的な論拠が求められる」「分かりやすさが求められる」場面を乗り切れるはずです。実行／推進段階では非常に重要なファクターになります。

ウェブマーケティングの分析・評価　　205

ただし、説得や説明は分析の最初の目的と考えてよいでしょう。分析の究極的な目的はアクションです。アクションにつながらない分析は、データを眺めているにすぎません。データから仮説を発見し、仮説に基づくアクションを起こす。アクションを起こせば、次の新しいデータが得られ、仮説の妥当性や新しい仮説の可能性が出てくる。分析とアクションのサイクルが回れば回るほど、企業内のウェブマーケティングの実力がどんどん上がっていきます。このような好循環を生むためにも、データを見るだけで満足せずに、どのようなデータ分析を行うべきか、どんなデータが出れば具体的なアクションにつなげることができるのかをシビアな目で見ていただきたいと思います。

まとめ

☑ 小さくても成功を収め、仮説の有効性を実証すること
☑ 計画を誰の目から見ても分かりやすくすること
☑ 計画を数字や金額で表現すること

これらを実現するために、

☑ より適切なプロジェクトモデルを選択すること
☑ 適切な報告フォーマットを活用すること
☑ 説得力のある数字を作ること

さらに踏み込んで、

☑ 目的に合わせた分析を行うこと
☑ 未来を見越して企業名分析を活用すること
☑ 分析を実行につなげること

Chapter5

まとめ

5-1 フォーマットを振り返りながら整理する

　本書でご紹介したフォーマットを振り返りながら、プロジェクトを計画し、推進する流れを整理したいと思います。

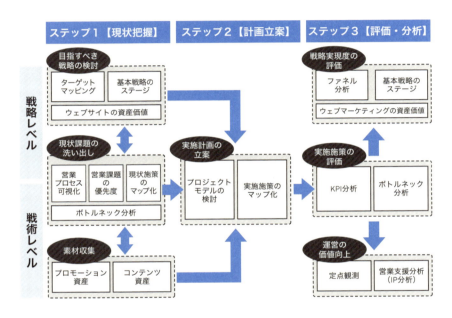

図 5-1　各フォーマットの相関関係

ステップ 1 【現状把握】

　まず、社内外にある素材を収集し、現状課題を洗い出し、目指すべき戦略の方向性を検討していきます。それぞれのフェーズで活用できるフォーマットを振り返りながら考えるべきことを整理していきましょう。

目指すべき戦略の検討

現状を的確に把握したうえで、目指すべき戦略を検討していきます。

ターゲットの考察：「ターゲットマッピング」

【参照】Chapter2「2-3　BtoB ウェブマーケティングのターゲット」-「ターゲットのマッピング分析」

改めてターゲットについて考察します。マッピングをしてみることで、ターゲットがぼんやりした企業像から、企業内での検討状況や担当者の知識レベルなどが考慮された人物像へと変わっていきます。

＜考慮ポイント＞
・改めて狙うターゲットはどこか？
・法人の意思決定プロセスを勘案した場合、ターゲットにはどんな状態の人がいるのか？
・ターゲットを分類したとき、各ターゲット分類を意識した作戦になっているか？

現状のウェブマーケティングの進展度評価：「基本戦略の 5 つのステージ」

【参照】Chapter2「2-7　BtoB のウェブマーケティングの基本戦略」-「各要素は関連し合う」

すべての BtoB 企業が通るべき基本戦略の到達度を判定します。その企業なりの数字目標が入ってくると、目標設定も現実味を帯びてきます。さらに上の戦略を狙うのであれば、成功モデルを参考にしながら、目指す戦略の可能性を検討します。

＜考慮ポイント＞
・現状のウェブマーケティングの到達点はどこか？
・現状のウェブマーケティング施策で足並みが揃っていない施策はどこか？
・将来どのステージを目指すべきか？　今回のプロジェクトでのゴールをどこに設定するべきか？

数値面からの現状評価：「ウェブサイトの資産価値」

【参照】Chapter2「2-7 BtoB のウェブマーケティングの基本戦略」-「③分析・改善要素」-「ステップ 4　営業データとウェブデータの連携分析」
　　　　Chapter4「4-4　ウェブマーケティングの分析・評価」-「ウェブマーケティングの価値推定」

フォーマットを振り返りながら整理する　209

ウェブサイトの現在の貢献度を金額として評価していきます。金額化を進めることで、あらゆる立場の人に理解されやすくなり、議論しやすい環境が整います。予算化を進めるに当たっても基礎となる数字になるため、大切なフェーズとなります。

<考慮ポイント>
・ウェブサイトがどのくらいリードを生み出しているか？
・1件当たりの期待売り上げはどのくらいあるか？
・ウェブマーケティングの資産価値はどのくらいあるのか？

現状課題の洗い出し

具体的に改善する点を発見し、施策に落とし込んでいくためのヒントをつかみます。

ウェブマーケティングから見た営業の流れの確認：「営業プロセス可視化シート」

【参照】Chapter2「2-5　営業プロセスの10のステップ」-「営業プロセス可視化シート」

10のテーマに沿って営業プロセスを整理していきます。もし営業プロセスがきちんと整理されていなければ、図式化に苦戦するはずです。現状があいまいな点があれば整理を行い、営業プロセスを誰が見ても分かりやすいように整理していきます。

<考慮ポイント>
・どのような流れでウェブサイトのリードが生まれているか？
・ウェブサイトから生まれたリードはどのような営業の仕組みに流れているか？
・システム面などを含めてどのような要素が関連しているか？

営業現場での課題認識の確認：「営業課題優先度判別シート」

【参照】Chapter2「2-4　営業課題の9つの分類」-「営業課題に優先度を付ける」

よくある営業課題に点数を付けることで、優先順位を付けられるようになります。漠然とウェブサイトをリニューアルするのではなく、どんな課題を解決するためのアクションなのかがはっきりとしてきます。

210　Chapter5　まとめ

＜考慮ポイント＞
・営業現場で感じている課題は何か？
・ウェブマーケティング活用による解決可能性の高い課題は何か？
・優先順位を付けるとすれば、どんな順番になるか？

ウェブマーケティング施策の確認：「現状施策のマップ化」

【参照】Chapter3「3-3　施策のマップ化【現状把握】」

　ウェブマーケティングとして現在実施している施策をマップ化します。上流工程・下流工程を意識しながら施策ひとつひとつのポジションを考えると、マップ化を通じて顧客の意思決定プロセスに合わせたコンテンツの考え方が整理されていきます。不足する要素があれば、実施計画を練る際の参考とし、本来あるべき姿に計画を近付けていきます。

＜考慮ポイント＞
・各ステップでどんな施策を行っているか？
・各施策で関連性の高いものはどれか？
・ウェブマーケティング全体としてどのようなバランスになっているか？

データによる課題の発見：「ボトルネック分析」

【参照】Chapter4「4-4　ウェブマーケティングの分析・評価」-「分析報告フォーマット」-「④課題発見のための分析」／「BtoB ならではのアクセスログ分析」

　アクセスログを中心としたデータから課題を発見します。実際の改善効果を予測するためにもデータは必要です。改善可能性が高く、影響の大きい課題を発見できれば、改善後の未来予測の説得力も増します。

＜考慮ポイント＞
・率の悪い箇所はどこか？
・改善ボリュームが大きい箇所はどこか？
・全体としてどこかネックになっているか？

フォーマットを振り返りながら整理する　211

素材収集

社内に埋もれている資産に目を向けて棚卸をしていきます。プロモーションしかり、コンテンツしかり、資産がたくさんあれば作戦を実行するうえでの素材が増えます。

集客に活用できる資産の棚卸：「プロモーション資産の棚卸」

【参照】Chapter3「3-2　プロモーション資産／コンテンツ資産の棚卸【現状把握】」-「プロモーション資産の棚卸」

新しい集客施策に頼る前に、まず自分たちが持っている資産の中に活用できるものがないかを確認します。やみくもに SEO に頼るのではなく、ひとつひとつの集客施策に対してどのくらいの期待ができるのかを推算をします。データが溜まれば溜まるほど、推算の精度も上がります。

> ＜考慮ポイント＞
> ・ウェブ集客を可能にする資産はないか？
> ・ウェブ以外の方法から集客を可能にする資産はないか？
> ・過去の実施経験からリード獲得数を試算できるデータはないか？

コンテンツ制作に活用できる資産の棚卸：「コンテンツ資産の棚卸」

【参照】Chapter3「3-2　プロモーション資産／コンテンツ資産の棚卸【現状把握】」-「コンテンツ資産の棚卸」

コンテンツとして活用できる資産を洗い出します。ウェブサイトの増強やリードナーチャリングを考えるうえでコンテンツは非常に重要です。活用できるコンテンツがないのであれば、コンテンツを新たに作らなければならないという状況も改めて確認できます。

> ＜考慮ポイント＞
> ・社外向けだがウェブサイトに活用できていない資料はないか？
> ・社内向けとして埋もれていた資料はないか？
> ・それぞれのコンテンツの種にどのくらいの価値がありそうか？

ステップ2【計画立案】

実施計画の立案

　現状の到達点、狙う戦略を鑑みながら実際の実施計画を練り上げていきます。

成功確率の高いプロジェクトモデルの検討：「プロジェクトモデルの検討」

【参照】Chapter4「4-2　小さくても成功を収め、仮説の有効性を実証する」-「ウェブマーケティングプロジェクトの4つの類型」／「プロジェクトモデルの選定の仕方」

　どのようなプロジェクトの枠組みを作るのかを考えます。プロジェクトの成功そのものを定義する大きな判断要素です。なるべく場当たり的なプロジェクトにならないよう、先を見越したプロジェクト設計が大切です。

> ＜考慮ポイント＞
> ・現状の課題解決に合致したプロジェクトモデルは何か？
> ・検証すべき仮説はどんなものか？
> ・プロジェクトとしてのゴールをどこに設定するか？

実施内容の分かりやすい情報共有：「実施施策のマップ化」

【参照】Chapter3「3-3　施策のマップ化【現状把握】」
　　　　Chapter4「4-3　プランを誰から見ても分かりやすく提示する」-「実施内容の理解」

　プロジェクトの枠組みが決まったら、集客・コンテンツといった施策単位に落としていきます。実行する内容が関係するメンバーに伝わるように平易な言葉で表現することが大切です。分かりやすいことで的確な情報共有が促進されます。

> ＜考慮ポイント＞
> ・何を目的にプロジェクトを実施するのか？
> ・実際に実施する施策は何か？
> ・どのくらいの効果を見込むのか？

フォーマットを振り返りながら整理する　213

ステップ 3【評価・分析】

実施内容が確定し、実行できたら評価・分析を行っていきます。

戦略実現度の評価

戦略の実現への到達度、プロジェクト目標の達成度合いを評価します。

全体像を捉える分析：「ファネル分析」

【参照】Chapter4「4-4　ウェブマーケティングの分析・評価」-「分析報告フォーマット」-「①
　　　　全体報告のための分析」

主に経営層に向けた報告を念頭に置き、プロジェクト全体を評価するための分析を行っていきます。実施施策が与えた影響が大局的に分かるように心がけ、全体の評価を行います。

> ＜考慮ポイント＞
> ・全体としてどのような動きがあったか？
> ・各実施施策を大まかに捉えた場合、成果に対してどの程度影響を与えたのか？
> ・最終的な成果としてどの程度の効果があったのか？

プロジェクトの到達点を要素面から評価：「基本戦略のステージ（再評価）」

【参照】Chapter4「4-3　プランを誰から見ても分かりやすく提示する」-「実施内容の理解」

プロジェクトの到達度を要素の面から評価します。事前に評価した基本戦略のステージに対して、実際に全体の足並みを揃えながらレベルアップすることができたかを確認していきます。

> ＜考慮ポイント＞
> ・どのステップを伸ばすことができたのか？
> ・どのステップは伸ばすことができなかったのか？
> ・次に目指すべきステージはどこか？

プロジェクトの到達点を数値面から評価：「ウェブマーケティングの資産価値」

【参照】Chapter4「4-4　ウェブマーケティングの分析・評価」-「ウェブマーケティングの価値推定」

　商談を生み出す価値を基準にして、金額化による再評価を行います。どのくらいの価値を生むことができるようになったのかを、プロジェクト前後で比較します。

> **＜考慮ポイント＞**
> ・商談獲得数は伸ばすことができたか？
> ・商談1件当たりの売り上げに変化はあったか？
> ・トータルでウェブサイトの資産価値が上がったか？

実施施策の評価

　実施した施策ごとの評価を行い、よりうまく施策を展開するためのヒントをつかみます。

個々の実施施策を評価：「KPI 分析」

【参照】Chapter4「4-4　ウェブマーケティングの分析・評価」-「分析報告フォーマット」-「②施策評価のための分析」

　実施計画で目標とした KPI をどの程度クリアすることができたかを評価します。個々の施策に注目し、うまく行ったもの／うまく行かなかったものが数字で評価されることで具体的なノウハウが社内に溜まるようになります。

> **＜考慮ポイント＞**
> ・どの施策がうまく行ったのか？
> ・どの施策がうまく行かなかったのか？
> ・全体としていくつの KPI をクリアすることができたか？

新たなボトルネックの確認：「ボトルネック分析（再評価）」

【参照】Chapter4「4-4　ウェブマーケティングの分析・評価」-「分析報告フォーマット」-「④課題発見のための分析」

　事前に行ったボトルネック分析に対して、効果があったかを再評価します。大きな戦略の転換の場合は、新たなボトルネックを生んでいることもあるため注意が必要です。

フォーマットを振り返りながら整理する　　215

> <考慮ポイント>
> ・狙ったボトルネックは解消できたか？
> ・ボトルネックはどのくらい解消できたか？
> ・新たなボトルネックは発生していないか？

かけた費用への効果に着目した評価：「ウェブマーケティングの費用対効果分析」

【参照】Chapter4「4-4　ウェブマーケティングの分析・評価」-「ウェブマーケティングの価値推定」
-「費用対効果の算出」

1件獲得当たりの費用が分かれば、個々の施策に注目して費用対効果を見ていきます。集客施策であれば施策ごとの比較をすることで費用対効果が高くなる集客施策の組み合わせを検討することができます。トータルコストとトータル成果を比較し、コストをかければどんどん成果を生む収穫逓増モデルに到達するのがひとつの目標です。

> <考慮ポイント>
> ・コストは各施策でどの程度かかったか？
> ・成果は各施策でどのくらい上がったか？
> ・全体として収穫逓増モデルに近付いたか？

運営の価値向上

運営上得られるデータを活用し、ウェブマーケティングの運営の質を高めたり、営業活動を促進したりすることを目指します。

運営のヒントをつかむ分析：「定点観測分析」

【参照】Chapter4「4-4　ウェブマーケティングの分析・評価」-「分析報告フォーマット」-「③
モニタリングのための分析」

日常的な運営業務が始まると、データをじっくり見る機会を失ってしまいがちです。もし変化が期待される部分が事前に分かっているのであれば、しっかりとモニタリングを行い、対策につながるヒントをたくさんつかむ工夫が必要です。

＜考慮ポイント＞
・大きな変化があったものはないか？
・変化から得られるヒントはないか？
・定点観測すべきポイントに変化はないか？

営業の活動を活性化する分析：「営業支援分析（IP分析）」

【参照】Chapter4「4-4　ウェブマーケティングの分析・評価」-「BtoBならではのアクセスログ分析」

　アクセスログに残るIP情報から企業情報分析が可能になることを紹介しました。この企業情報を基軸とした分析から大きな発見が得られる場合があります。関連部門も関心が高い企業名を活用することで、他部門を巻き込みながら次へのヒントをつかみます。

　＜考慮ポイント＞
・営業が必要とする情報はないか？
・広告やコンテンツをより深いレベルで評価できないか？
・次の作戦につながるヒントはないか？

＊　＊　＊

　本書で紹介した各フォーマットは、あくまで過去の成功例の共通項を取ったものです。自社の状況を勘案しながら、自社に合う形に変形させ、ぜひオリジナルのフォーマットに昇華していただきたいと思います。

フォーマットを振り返りながら整理する　　**217**

5-2 BtoB のウェブマーケティングの未来に向けて

　ウェブマーケティングがうまく行けば行くほど、考えさせられることがあります。魅力的なリードを計画的に生み出すことができ、商談のウェイトがどんどんウェブマーケティングに移っていくと、究極的には営業がやるべきことがなくなるのではないか？　営業がやるべき領域が減るということは、営業は楽になるどころか、より高い専門性や自分自身の存在価値の説明を求められ、さらに厳しい環境になるのではないか？　と。

　今後、IP による企業分析や MA（マーケティングオートメーション）ツールがさらに高度化し、ウェブマーケティングを劇的に後押しするようになるでしょう。パーソナライズの波が押し寄せ、1 社 1 社に合わせた戦略の立案も可能になります。A/B テストやターゲティングがリアルタイムになり、分析と対策のタイムラグはどんどん小さくなっていきます。効果測定もはっきりとできるようになり、うまく行き出した企業は加速度的に成功モデルを積み上げていきます。実際に、もうその兆候自体は表れています。

　ウェブマーケティングができることの領域は今後も確実に広がります。企業内での存在価値も確実に拡大しています。ウェブマーケティングが成果を上げることで、逆に「人の領域」をどのように考えるのかを避けて通ることができません。人や営業組織こそ、ウェブマーケティングよりも分析が難しい分野です。伝統的な分野だったからこそ、営業目標を達成していれば数字的な価値を説明しなくてもよかった側面があります。残念ながら、ウェブマーケティングがうまく行き出すと、そうも言っていられなくなります。

　すると、人にしかできないことを追求せざるを得ません。そのときこそ、営業の本当の価値が見えてきます。人にしかできないことは何か？　人がやるからこそ価値を生み出せる営業活動とは何か？　人が介在する価値領域にマンパワーを特化させるにはどのようにすればよいか？　すると必然的に営業とマーケティングの再定義を志向することになります。「人」にしかできない価値がはっきりしてくると、その他すべては「仕組み」に任せるという、思い切ったモデルがイメージできるようになります。

おそらく、技術の進展は過去そうであったように人間らしい感性のある営業活動を失う側面があり、もろ手を挙げて誰もがうまく行くようなことはないでしょう。そんな中、他社に先駆けて、いち早くチャレンジし、一つでも多く成功モデルを作った企業が一歩先に行くことができます。商品力だけでなく、売り方のモデルがごくごく普通の企業にとっても大きな差別化要素になります。ウェブマーケティングを中心とした売り方の開発は、人や設備や大規模な宣伝を中心とした売り方よりも圧倒的に投資が少なく、あらゆる業界で参入障壁を下げます。むしろ、過去のしがらみやこだわりのない新しい企業や小さい企業が有利になる側面すらあります。

今一度、考えていただきたいのは、まずは、今、営業が抱えている課題をクリアしていくことが目標だとしても、その先に、ウェブサイトと営業が密に組み合わさった新しい営業モデルを作ることを志向して欲しいということです。その領域を目指すことが、企業の存在価値そのものを高めるということです。ウェブマーケティングの推進活動をきっかけに、本質的な企業としてのマーケティング力・営業力のアップに必ずつながるはずです。その企業にしかないウェブマーケティングモデルを作る。それこそがウェブ営業力／ウェブマーケティングの目指すべき形と言えるのではないかと思います。

BtoB のウェブマーケティングの未来に向けて　219

おわりに

　ここまで BtoB のウェブマーケティングという観点から、戦略→戦術→実行→推進という流れを見てきました。考えるべきポイントは一定程度、整理できたと思います。ですが、やはり現実問題は、書籍を読んだだけで解決につながるような単純なものではありません。実際には、協力する人を見つけ、反対の意見を持つ人を説得し、未来の予算を獲得する「行動」が必要です。

　「行動」に移すには確信が不可欠です。この方法論でやればいいんだという確信がなければなかなか行動に移すエネルギーも出てこないと思います。本書で紹介したケースやフレームワークを参考にしながら、「できそうだ！」という気持ちが少しでも生まれてくれたら大変嬉しいことです。

　できそうだという気持ちが芽生えたとしても、自分たちの会社にはノウハウがない、コンテンツのネタがないという方も多くいらっしゃいます。しかし、過去の経験上、ほとんどの場合ヒントは社内にあります。少しでも製品やサービスが売れているのであれば、その売り方のコツを知っている営業マンが必ず居ます。その製品やサービスの良さをよく理解しているお客様が居ます。ヒントは探せば必ずあります。ぜひ、外部からのノウハウだけでなく、自分たちの社内も信じて欲しいと思います。"成功してきた方法論"と"社内にある成功の種"があれば、自社なりのモデルが見えてくるはずです。

　そして、最後は人です。泥臭く汗をかく「人間」が要になってきます。その「人間」がもし、あなたであったらならば、ぜひ本質的な問題を探求してほしいと思います。自分たちの置かれている状況を目先の業務からではなく、俯瞰的に、客観的に分析し、本質的に何が問題であり、何を成すべきかを考えて欲しいと思います。ウェブマーケティングもあくまで手法です。本質的な問題を解決するためにどのようにウェブマーケティングを使うのかを考えることで、経営にインパクトのある計画になっていくはずです。

　本質的な問題のかけらをつかむことができたら、ぜひ仲間を増やしてほしいと思います。本質的な問題意識を共有できる仲間が増えることで、今すぐ

に考えていることが実行できないとしても将来の支えになってくれるはずです。それが他部署の人であれば部門間連携をするときに必ず助けてくれるはずです。それが上司であれば大きな後ろ盾ができるはずです。同じ部署の人ならば一緒に戦ってくれるはずです。

　それでも行き詰まったら、ぜひご相談ください。実際に、前著『ウェブ営業力』ではたくさんの反響をいただきました。「初めてのウェブマーケティングだったので『ウェブ営業力』をバイブルにしてやってきた」「社内の各部署に配った」「提案書に活用した」「上司に読んでもらうようお願いした」など、ありがたい声を直接いただきました。大変励みになりました。実際にご相談に来た方も多々いらっしゃいました。当時、すでにいくつかのプロジェクトを抱えていたため、泣く泣くご支援できなかったプロジェクトもありました。ぜひ、次の新しいチャレンジをみなさまとできること楽しみにしております。

　最後にお礼を申し上げたいと思います。最初に修行の場をいただいたパワー・インタラクティブのみなさん。一緒にチャレンジをしていただいたお客様。すべての活動が BtoB 分野で実績を上げる基礎になっています。ありがとうございました。いつも会社を支えてくれる田中喬さん。原稿のチェックを手伝ってくれた稲富隆宏さん。原稿の細かな修正案も的確に提示してくれた松野香織さん。公私ともに助けてくれた里見敏子さん。みなさんには、いつも助けられていますが、忙しい状況が続くと普段助けられているありがたみが一層分かります。改めてお礼を言いたいと思います。ありがとうございます。そして、翔泳社の関根康浩さん。小川史晃さん。たくさんのわがままを聞き入れ、素敵な書籍に仕上げていただきありがとうございました。

　最後に、本書を手に取っていただいたみなさま。数ある書籍の中から本書にたどり着いていただきありがとうございました。本書が少しでもみなさまのお役に立ち、確信をもって次の一歩が踏み出せますように心から祈っております。最後の一行まで大切に読んでいただき誠にありがとうございました。

渥美英紀

Index

■数字・英字

4象限のマッピング ························ 50
A/Bテスト ························ 90, 218
BANT情報 ························ 26, 66
CPA ························ 90
CTR ························ 16, 41, 89
Eコマース ························ 115
FA ························ 115
IP情報 ························ 118, 201, 202
　〜分析 ························ 217
KGI ························ 183
KPI ························ 183
　〜分析 ························ 215
MA ························ 218
PV数 ························ 92, 95
RFP ························ 43
SEO対策 ························ 148
SFA ························ 22

■あ行

アウトソーシング ························ 9
アクセスログ分析 ························ 95, 97, 201
アプローチ ························ 41, 70
アンテナ型戦略 ························ 117
意思決定プロセス ························ 42
イベント ························ 75
ウェブ営業力 ························ 15
ウェブサイト ························ 92
　〜の価値推定 ························ 184
　〜の資産価値 ························ 209
ウェブマーケティング ························ 83, 218
　〜施策 ························ 180
　〜戦略 ························ 87
　〜の価値推定 ························ 184
　〜の資産価値 ························ 215
　〜の費用対効果分析 ························ 216
　〜プロジェクト ························ 170
営業アプローチ ························ 76
営業課題 ························ 15, 51, 68
営業課題優先度判別シート ························ 210
営業支援分析 ························ 217
営業対応 ························ 126
営業判断基準 ························ 74
営業プロセス ························ 69, 81, 180
　〜可視化シート ························ 210
営業プロセス分化型戦略 ························ 86, 113
営業優先度 ························ 11
営業力 ························ 93, 98
営業力コンテンツ ························ 140

■か行

解決可能性 ························ 68
回遊率 ························ 93, 148
課題発見 ························ 199
価値の算出 ························ 96
下流工程 ························ 44, 127
管理システム ························ 78
管理方式 ························ 78
キーコンテンツ ························ 72
キーメッセージ ························ 72
キーワード ························ 152
技術者 ························ 9
技術相談窓口 ························ 10
既存顧客 ························ 39, 52
既存接点顧客 ························ 39, 52
規模 ························ 110
基本戦略 ························ 84, 87
　〜の5つのステージ ········ 89, 106, 209, 214
キャンペーン ························ 75
求職者 ························ 37, 38
業種 ························ 110
クリック率 ························ 19
ケーススタディコンテンツ ························ 9
検索エンジン ························ 151
検索回数の予測ツール ························ 16
検索需要 ························ 41
現状施策のマップ化 ························ 211
コーポレイトサイト ························ 37
顧客 ························ 37, 38, 52
　〜の行動範囲の変化 ························ 33
　〜の情報入手先の変化 ························ 31
コピー ························ 126, 143, 156
コンタクトポイント ······ 126, 128, 130, 135, 136
コンテンツ ··· 8, 15, 97, 100, 126, 138, 141
コンテンツ資産 ························ 125
　〜の棚卸 ························ 212
コンテンツマーケティング ························ 87
コンバージョン数 ························ 91, 93, 95
コンバージョン率 ·············· 16, 41, 93, 95, 148

■さ行

再アプローチ基準 ························ 79
再アプローチ方式 ························ 80
サイト構造 ························ 39
事業部選定 ························ 174
施策のマップ化 ························ 126
施策評価 ························ 195

施策別KPI……………………… 195
私信形式のメール………………………20
私信メール………………………… 102
実行力 ……………………………… 122
実施施策のマップ化………………… 213
社会 …………………………… 37, 38
集客 … 8, 16, 70, 89, 126, 147, 148, 150, 158
　検索エンジン以外のウェブ広告による〜 … 153
　広告費を使わない〜 ……………… 154
　〜ルート………………………………55
重要度 ………………………………68
生涯顧客価値判断 ………………… 184
商品力コンテンツ………………… 139
上流工程 ……………………… 43, 127
ショップ／ダイレクトオーダー型戦略 … 86, 114
事例 …………………………… 9, 57, 141
新規営業 …………………………… 11
新規顧客 ………………………… 39, 52
数字目標 …………………………… 183
数値化 ……………………………… 144
ステップメール …………………… 102
スペシャルサイト …………………………39
セールスフォースオートメーション …………22
セッション数……………………… 92, 95
全体報告 …………………………… 192
ソーシャルメディア広告 ………………… 154
組織 ………………………………… 166

■た行
ターゲット …………………… 37, 39, 50
　〜の状態 …………………………42
　〜のマッピング分析………………………45
ターゲット特化型戦略 ……………… 85, 109
ターゲット分化型戦略 ……………… 85, 111
ターゲットマッピング ………………145, 209
ターゲティング ……………………… 218
ダウンロードフォーム ………………… 16
達成率 ……………………………… 94
直帰率 …………………………… 93, 95
定点観測分析 …………………… 216
データベース………………23, 102〜104
問い合わせフォーム……………… 129, 133
問い合わせ窓口 ……………………8, 16, 73
投資家 …………………………… 37, 38

■な
ネットプレスリリース ………………… 155

■は行
パーソナライズ…………………… 218
費用対効果の算出 ………………… 189

ファクトリーオートメーション ……………… 115
ファネル……………………… 193, 195
ファネル分析……………………… 214
フォーム遷移率 ………………… 133
プッシュ型………………………… 21
部門 ……………………………… 110
プル型 ……………………………22
プレスリリース ………………… 155
プレゼンテーション……………… 133
プロジェクトゴール ………………… 183
プロジェクトモデル ……………… 173
　〜の検討 ……………………… 213
プロセス一貫テスト ……………… 172
ブロック配信………………………… 102
プロモーション資産 ……………… 123
　〜の棚卸 ……………………… 212
分析・改善……………………………95
分析報告フォーマット …………… 192
ページ遷移率 ………………………95
法人の意思決定プロセス ………………42
ボトルネック分析………………… 211, 215

■ま行
マーケティングオートメーション …………… 218
窓口 ……………………………… 137
見込み度判別 ……………………… 11
メール……………………………… 101
メール配信先数 ………………… 101
メールマーケティング …………… 100
メールマガジン……………… 19, 102
目指すべき姿………………………… 178
メディア ……………………………37
メディア／コミュニティ型戦略 ………… 87, 116
モニタリング ……………………… 198

■や行
誘導数 ………………………………89

■ら行
リアルタイム ……………………… 218
リード管理……………………………60
リードジェネレーション ………………87
リードナーチャリング ………………87
　〜の価値推定 ……………… 190
リスティング広告 …………… 9, 153
リスト………………………………70
リニューアル ……………… 17, 148
リマーケティング広告……………… 153
ルート営業…………………………64

223

渥美英紀（あつみひでのり）

株式会社ウィット代表取締役。BtoBのさまざまな業界の売上アップ・ブランド強化・営業改善など200以上のプロジェクトを担当。特にリード獲得や売り上げアップに高い成功確率を誇り、2009年にノウハウをまとめた『ウェブ営業力』（翔泳社）を執筆、2011年に『Webマーケティング基礎講座』（翔泳社）を共著にて出版。アクセスログ解析システム、メール配信システムなどの開発も手掛けたことから、ウェブマーケティングの遂行に不可欠かつ広範囲な分野について専門性を生かした"総合的"かつ"現場に根差した"ウェブマーケティング支援を得意とする。

装丁・本文デザイン	宮嶋章文
イラストレーション	宮嶋章文・株式会社アズワン
DTP	株式会社アズワン

BtoBウェブマーケティングの新しい教科書
営業力を飛躍させる戦略と実践

2017年1月20日　初版第1刷発行
2018年8月10日　初版第2刷発行

著者	渥美英紀（あつみひでのり）
発行人	佐々木幹夫
発行所	株式会社 翔泳社（https://www.shoeisha.co.jp/）
印刷・製本	凸版印刷株式会社

ⓒ 2017 Hidenori Atsumi

本書は著作権法上の保護を受けています。本書の一部または全部について（ソフトウェアおよびプログラムを含む）、株式会社 翔泳社から文書による許諾を得ずに、いかなる方法においても無断で複写、複製することは禁じられています。

本書へのお問い合わせについては、2ページに記載の内容をお読みください。
乱丁・落丁はお取り替えいたします。03-5362-3705までご連絡ください。

ISBN978-4-7981-4796-3　　　　　　　　　　　　　　Printed in Japan